掌尚文化

Culture is Future

尚文化·掌天下

A Statistical Measurement Study on
the Coupled and
Coordinated Development of

Pharmaceutical Manufacturing
and
Medical Services

医药制造业与医疗服务业

耦合协调发展的统计测度研究

胡 萌 著

经济管理出版社

ECONOMY & MANAGEMENT PUBLISHING HOUSE

图书在版编目（CIP）数据

医药制造业与医疗服务业耦合协调发展的统计测度研
究 ／ 胡萌著. -- 北京 ： 经济管理出版社，2024. 12.
ISBN 978-7-5243-0139-4

Ⅰ．F426.7；R199.2

中国国家版本馆 CIP 数据核字第 2024XT8079 号

组稿编辑：宋　娜
责任编辑：宋　娜
责任印制：许　艳
责任校对：蔡晓臻

出版发行：经济管理出版社
　　　　　（北京市海淀区北蜂窝 8 号中雅大厦 A 座 11 层　100038）
网　　　址：www. E-mp. com. cn
电　　　话：（010）51915602
印　　　刷：唐山玺诚印务有限公司
经　　　销：新华书店
开　　　本：720mm×1000mm/16
印　　　张：13. 25
字　　　数：218 千字
版　　　次：2025 年 8 月第 1 版　　2025 年 8 月第 1 次印刷
书　　　号：ISBN 978-7-5243-0139-4
定　　　价：98. 00 元

前　言

　　近年来，随着"健康中国2030"战略的持续推进，我国健康产业正经历着深刻的变革和快速发展。在这一背景下，医药制造业和医疗服务业作为健康领域的两大核心支柱产业，呈现出越发紧密的耦合协调发展态势。这一发展态势不仅推动了健康领域整体质量的提升，为广大居民提供了更全面的健康保障，而且在深化医疗卫生体制改革和推动经济高质量发展方面发挥了重要作用。然而，面对快速变化的行业动态和复杂多变的市场环境，对两者耦合协调发展的系统研究和深入探索尚显不足。因此，本书的撰写旨在丰富这一研究领域的成果，为系统梳理医药制造业和医疗服务业的耦合协调发展机制提供相关理论和实践指导。

　　随着技术的不断进步和政策的持续推动，医药制造业和医疗服务业在过去几十年里取得了显著的成就。医药制造业作为健康产品的生产制造环节，涵盖了从药物研发、生产到分销的整个流程。医疗服务业则是健康产品和服务的实际消费环节，负责将优质的健康服务提供给广大患者。两者在产业链上是上下游关系，共同构成了现代健康产业的主体。然而，如何有效协调这两大产业，使其在协同发展的基础上进一步提升对经济和社会的贡献，是当前理论研究和政策制定亟须解决的问题。

　　国内外已有研究多聚焦于医药制造业或医疗服务业单一产业的独立发展，鲜有涉及两者的耦合协调研究。已有的一些相关研究散落在产业集聚、产业升级、产业融合等领域，尚未形成系统的理论框架。鉴于此，本书旨在以医药制造业和医疗服务业为研究对象，系统分析两者的耦合协调发展机制，测度其耦合协调发展的水平，识别影响两者耦合协调发展的关键因子，并提出促进两产业协同发展的政策建议。

本书采用"理论分析—实证研究—政策建议"的研究结构，以多角度、多方法进行系统探索。具体而言，全书分为四部分，共八章。

第一部分为理论分析基础，包含第一章和第二章。第一章介绍了研究背景和研究意义，回顾了国内外研究现状，并总结了医药制造业、医疗服务业和耦合协调发展的相关概念。第二章则进一步梳理了耦合协调发展理论、产业共生理论、演化经济学、协同学与可持续发展等理论，为本书的研究奠定了理论基础。

第二部分为耦合协调发展现状，包括第三章和第四章。第三章聚焦于医药制造业与医疗服务业的发展现状，利用重心模型和 Dagum 基尼系数分析其综合发展水平及空间布局特征。第四章通过耦合协调度模型测度医药制造业与医疗服务业的耦合协调发展水平，并结合 Tapio 指数分析其动态演进过程，识别产业内障碍因子。

第三部分着重分析耦合协调发展的影响因素、健康效应与经济效应，涵盖第五、六、七章。第五章通过空间杜宾模型与地理探测器模型，从空间溢出和空间分异角度探讨影响因素。第六章采用贝叶斯模型平均方法验证耦合协调发展水平对居民健康的促进作用。第七章进一步分析两者的耦合协调发展水平对经济增长的影响路径。

第四部分为第八章，汇总本书的研究结论并提出政策建议。

本书的特色不仅在于理论与实证研究的结合，还体现在以下几个方面：

（1）系统性与完整性。本书构建了一个从机理分析到实证测度再到政策建议的系统理论框架。

（2）多维度分析。本书通过重心模型、Dagum 基尼系数、空间杜宾模型等多种方法，从时间和空间的角度全面分析医药制造业与医疗服务业的耦合协调发展。

（3）丰富的实证研究。实证数据和模型分析有助于揭示我国医药制造业与医疗服务业的时空演变特征及其在不同地区的影响。

（4）具体的政策建议。依据研究发现，本书提出了政策建议，如促进创新、优化区域发展格局、深化两产业耦合模式等。

本书的完成离不开诸多人士的支持与帮助。感谢在研究过程中提供指导和意见的学术界同仁和专家，他们的建议使本书更加完善。感谢参与数据收集和分析的团队成员，他们的努力为本书提供了坚实的数据支持。特别感谢经济管理出版社的编辑，他们的细致工作和大力支持使本书得以顺利出版。最后，感谢我的家人和朋友在撰写期间给予的无私支持与理解，他们的关心是我坚持不懈的动力。

　　由于笔者水平有限，且编写时间仓促，书中错误和不足之处在所难免，恳请广大读者批评指正。您的宝贵意见和建议，将是我们不断改进和进步的动力源泉。

胡萌

2024 年 11 月

目　录

第一章　绪论

第一节　研究背景与研究意义

随着居民生活水平的提高和老龄化程度的加深，人民群众的健康需求迅速增长。全球新冠疫情的暴发将公共健康问题上升至前所未有的高度。围绕人类生老病死的全生命周期，健康产业提供疾病预防、诊断、治疗、康复、保健等产品和服务。同时，健康产业与国民经济其他行业相互交叉、相互渗透，形成了涉及第一、二、三产业的综合性产业。在多重因素的共同驱动下，健康产业发展势头迅猛，健康产业规模一路攀升，展现出巨大的市场潜力。健康产业已经成长为 21 世纪具有代表性的支柱产业、朝阳产业和黄金产业。

医药制造业与医疗服务业作为健康产业链内的重要组成部分，在整个卫生体系中占据着核心地位。两产业存在天然的耦合协调关系，主要体现在目标、功能以及要素的关联互补方面。第一，两产业根本目标都是提升居民健康水平。第二，两产业存在功能互补。医药制造业位于健康产业链的中上游，是健康产品研发和生产制造部门，医疗服务业位于健康产业链的下游，是实现健康产品和服务的最终消费部门。医药制造业的适度发展为医疗服务业提供高质量服务供给，提升医疗服务业综合发展水平；而医疗服务业对药品的多层次、个性化的需求反向促进医药制造业的研发活动，提升医药制造业综合发展水平。第三，两产业存在要素关联。医药制造业与医疗服务业都对人力、设备、知识、技术等资源要素具有较高的要求。医药制造业的技术创新、知识积累通过外溢性，加强与医疗服务业联动，深化两产业耦合协调发展。

在英国，两产业具有良好的耦合协调水平，且已经在当地形成健康产业集群，从而有利于推进本国健康产业高质量发展，进而成为新的经济增长点。英国伦敦的"欧洲医学城"集群就是两产业耦合协调发展良好的代表之一。"欧洲医学城"集群是一个与牛津大学和剑桥大学等学校联合的、主要在医疗和医药研发领域发挥作用的健康企业集群。英国政府为当地临床试验研究提供大量的资金投资以及相关政策支持，极大地吸引了制药企业与其他生物技术企业的聚集。与此同时，伦敦政府为当地健康企业集群构建出一个综合的数字化和信息化平台，为两产业的协同发展创造有利条件。得益于伦敦地区雄厚的学术力量和良好的资讯传播能力，制药企业与医疗服务领域的专家高效合作，始终维持着不断创新的态势与产出。伦敦的健康产业通过两产业耦合协调发展，迅速将相关研究成果转化为应用技术，达到产业高质量发展状态，成为当地经济的支柱产业。"欧洲医学城"集群促进英国医药制造业快速发展，使英国成为世界主要的制药业中心之一，全球三大生命科学中心之一；同时，"欧洲医学城"集群促进了当地高端医疗服务水平的不断提升，出现了惠灵顿医院、英国伦敦国王学院医院、英国皇家布朗普顿医院和哈弗尔德医院等一批具有世界一流水平的医院。

我国医药制造业与医疗服务业之间的边界逐渐模糊，出现耦合协调发展趋势。随着大健康产业逐步发展壮大，越来越多不同类型的企业开始涉足与健康相关的业务。阿里巴巴等互联网巨头逐渐将"无形的手"伸向传统制药企业。扬子江药业、苏中药业、济川药业等传统健康制药企业，依赖自身多年经营的信息沟通渠道、业务渠道，凭借对接医疗行业的资源优势，正积极扩大经营范围，开始进入医疗服务领域。例如，天士力集团不但与澳洲康平国际医疗集团达成了合作伙伴关系，还将该医疗集团旗下医院一并引入中国，同时也将中国的传统中药文化传播至澳大利亚的西医医院。在 2017 年度中国民营医院 50 强榜单中，马应龙、金陵药业、复星集团、广济药业等一大批知名的上市医药企业纷纷上榜。国内两产业耦合协调发展程度好的地区已经形成初级的健康产业集群。例如，江苏的苏州国际健康产业园是目前中国唯一以健康产业链整合概念为主题的国际化行业园区。苏州国际健康产业园与中国药科大学、江南大学食品学院、南京野生植物综合利用研究院等科研单位成为战略合作伙伴，深化医药制造业与医疗服务业的科研人员联系，形成了强大的技术支持力量，为健康产业园内制药企业的发展提供创新动力。该园区生产的健康产品已经占据中国健康产品市场约 1/3 的份额，也成为苏州市经济增长的重要引擎。

当前，高质量发展成为国民经济各个行业发展的主要目标。在高质量发展战略的要求下，医药制造业和医疗服务业作为健康产品和服务的供给端，面临着供给结构优化、创新驱动、转型升级等难题。同时，作为健康产业链条中的上下游产业，两产业的耦合协调、融合发展也对健康产业高质量增长起着举足轻重的作用。医药制造业和医疗服务业的高质量协调发展为我国经济增长、民生保障提供了重要支撑，不仅是推动健康产业健康发展的动力源泉，更是推进健康中国建设、提高人们健康水平的重要保障。因此，围绕我国医药制造业和医疗服务业的耦合协调发展开展相关研究具有迫切的现实意义。

一、研究背景

1. "健康中国"战略背景下健康产业发展迎来新机遇

习近平总书记指出："人民健康是社会文明进步的基础，是民族昌盛和国家富强的重要标志，也是广大人民群众的共同追求。"自中华人民共和国成立以来，党和政府一直高度重视医疗卫生事业的发展，关切人民健康问题，不断改革和完善医疗卫生体系。近年来，以习近平同志为核心的党中央，着眼于国家卫生事业发展，把人民健康放在首位，提出并推进了健康中国建设，呼吁将健康纳入各项政策之中，推动人民健康事业建设进入新征程。

2016 年 10 月 25 日，中共中央、国务院发布了《"健康中国 2030"规划纲要》，这是中华人民共和国成立以来首次在国家层面上颁布的健康领域中长期规划。"健康中国 2030"战略要求把健康融入所有政策。围绕健康主题，国家相关职能部门密集出台了一系列政策，涉及医疗卫生改革、产业发展及科技创新等众多领域。例如，在深化医疗卫生体制改革方面，提出推广福建省和三明市经验，加快推进医疗、医保、医药联动改革；在产业发展方面，《关于推动原料药产业高质量发展实施方案的通知》《关于加快中医药特色发展若干政策措施的通知》《"十四五"优质高效医疗卫生服务体系建设实施方案》等政策文件的颁布旨在促进健康产业向更高水平发展；在科技创新方面，国家药监局等部门专门出台了指导性文件，对以生物科技为前沿方向的药物研发提供技术指导，加快前沿生物医疗技术的开发，推动新产品上市。在政策护航之下，包括医药制造业和医疗服务业在内的健康产业发展势头迅猛，产业规模不断扩大。

"健康中国 2030"战略从客观上对健康产业发展提出了更高的要求。为加快推动健康产业发展，促进形成内涵丰富、结构合理的健康产业体系，2019 年 8 月 28 日，国家发展改革委等多个部门联合发布了《促进健康产业高质量发展行动纲要（2019—2022 年）》，决定围绕健康产业重点领域和关键环节实施十项重大工程。

2. "互联网+健康"加快了健康产业融合的步伐

在"互联网+"时代，国民经济各行各业相互交叉、相互渗透，形成彼此影响、相互依赖、高度耦合的产业体系。"互联网+健康"的产业融合模式，不仅包括健康产业与其他产业的跨界融合，也包括健康产业内部各个行业的交叉融合。就产业内部交叉融合而言，医药电商、远程医疗、互联网医疗平台、医疗社区、互联网电商等商业模式越来越普遍，而以大数据、人工智能、云计算、5G 等为主的新技术则促使医药制造业和医疗服务业加速融合。

从产业链来看，医药制造业和医疗服务业分别属于健康产业的上下游，本身存在前后向生产技术关联，这就决定了两者不仅存在生产要素、知识、技术上的共享、相容，而且更要在产品市场、要素市场、产品研发和技术创新等方面实现全方位的合作与协调。

从产销关系来看，绝大多数制药企业的核心销售市场是医院，我国医药产业 1.6 万亿元的年销售额中，医院市场占了八成以上。"互联网+"时代的到来，极大地缓解了健康领域中的信息不对称问题，加强了医院、患者、药企等主体间的联系，实现医疗和医药市场的供需动态均衡，加速了医药制造业和医疗服务业的协调发展。

另外，互联网互联互通、开放共享、大数据、高流通的特性极易捕捉到市场上需求的变化，医药制造企业和医疗服务机构借助互联网平台可以实现深度融合，满足居民多元化、个性化的健康消费需求。例如，医疗机构拥有患者和治疗场所，医药制造企业在新药和设备研发、临床试验过程中，通过与其合作，可以加快新设备和新药物的研发进程。医疗机构同时也拥有海量医疗数据，开发、挖掘这些医疗数据不仅可以了解疾病流行趋势，也可以甄别出临床潜在需求，通过与医疗机构共享医疗大数据，医药制造业可以研发出更便宜、更有效的药物，创造出更好的服务模式。可以说，"互联网+"时代的到来，为医药制造业和医疗服务业的耦合协调发展创造了技术条件。

我国健康产业在多重政策的利好下，借助"互联网+"的时代东风，取得了长足的进步。首先，产业规模不断扩大。中商情报网估计，2016年我国健康产业市场规模超过3万亿元，预计到2030年，市场规模将超过16万亿元。从产业内部来看，国家统计局数据显示，2020年我国规模以上医药制造业利润总额高达3693亿元，相比2010年，增长近2倍。2020年我国卫生总费用为72175亿元，占GDP的比重为7.10%，而2010年我国卫生总费用还不到20000亿元，占GDP的比重仅为4.85%。其次，产业结构持续优化。就医药制造业而言，化学制药占比有所下降，而生物制药增长趋势明显，落后产能逐渐被淘汰，制药企业数字化、智能化水平不断提升。就医疗服务业而言，多元办医格局正在形成，涵盖疾病预防、诊断、治疗、康复全过程的医疗服务体系不断完善，医疗服务机构信息化水平大幅提升。最后，产业链不断延伸，产业融合加速推进。"医疗+养老""体育+康复""健康+旅游"等多业态融合重构了产业生态，提升了产业附加值。

与此同时，我国健康产业发展仍存在许多不足，主要表现为健康产品和服务的无效供给与有效需求不足同时存在，技术创新能力弱，产业层次不高，产业结构仍有待于优化，产业融合发展模式单一，区域健康资源不均衡等。医药制造业和医疗服务业作为健康产业内的两大核心支柱产业，两者的耦合协调发展也暴露出很多问题。从全国范围来看，我国医药制造业主要分布在"长三角""珠三角""环渤海"三大区域，高端医疗服务则主要集中在以北京、上海为代表的经济发达地区，健康资源分布极其不均衡。由于不同地区产业基础条件、资源禀赋和环境承载能力不同，医药制造业和医疗服务业耦合的途径、表现形态、耦合程度以及产业的经济、社会效应均存在较大的差异。部分地区两个行业间发展步伐存在不协调，常常表现出低水平、单一模式的融合，而且存在极大的信息、技术壁垒，未能打通研发、生产、流通和消费的全链条，资源错配突出，从而影响健康产业的有序运转，进而难以满足居民对健康产品和服务的需求。

二、研究意义

1. 本研究的主要理论意义

（1）本研究丰富了产业耦合的研究内容。相较于产业集聚、产业升级等已经形成相对成熟理论体系的研究领域，产业耦合研究尚处于起步阶段，和产业耦合相关的理论机制、研究方法、框架体系等都有待进一步补充完善。本研究将关注点聚焦于医药制造业和医疗服务业，构建两者耦合协调的理论框架，探析产业耦合协调发展的动机、载体和影响路径，并将两者耦合协调的经济效应和健康效应纳入了研究框架，这无疑是对现有研究的补充。

（2）本研究拓展了产业耦合的研究方法体系。在研究方法层面，现有的耦合协调发展研究大多停留在运用耦合协调度模型测度产业耦合协调发展程度上，而甄别产业间发展趋势、辨别落后产业、识别障碍因子的研究尚显不足。另外，对产业耦合的经济、社会效应缺乏系统研究。本研究首先在定性分析基础上，通过构建医药制造业和医疗服务业耦合协调度模型，从全国总体、区域、省域三个层面测度了医药制造业和医疗服务业的耦合协调发展水平。其次根据 Tapio 指数与耦合协调度模型综合分析发现，医药制造业发展水平相对落后是制约两产业耦合协调发展的直接原因，两产业增速的不匹配直接阻碍两产业协调程度。再次通过解耦方法识别出我国医药制造业发展潜力低下是制约耦合协调发展的主要障碍因子。最后应用贝叶斯模型平均、非参数中介效应模型，测度了医药制造业和医疗服务业耦合协调发展的健康效应和经济效应。因此，相比现有研究，本研究综合使用多种定量方法，极大地拓展和丰富了产业耦合的研究方法体系。

2. 本研究的主要现实意义

（1）为促进健康产业高质量发展建言献策。当前世界局势复杂多变，处于百年未有之大变局。自2020年5月以来，以习近平同志为核心的党中央提出，要推动形成以国内大循环为主体、国内国际双循环相互促进的新发展格局。"双循环"新发展格局为促进我国经济高质量发展、破解新时代发展难题提供了解决方案。当前，广大学者就如何构建并推动"双循环"新发展格局展开了激烈的讨论，其中疏通经济循环中供给侧的堵点成为关注焦点。在健康产业领域，要解决供给侧的堵点，作为核心支柱产业的医药制造业和医疗服务业的高质量发展和耦合协调发展自然成为重中之重。本研究探讨了医药制造业和医疗服务业耦合协调发展的机理，明晰了两产业耦合协调发展的影响因素，使医药制造业和医疗服务业的耦合协调发展有据可依，为今后健康产业高质量发展提供了政策建议。

（2）为深化医疗卫生体制改革探索出路。随着医疗卫生改革进入深水区，"三医"联动成为改革的关键，福建三明以医药改革为核心，实现了"腾笼换鸟"，即压低药品价格、控制医保均次费用，将节省出的医药费用用于提高医疗服务价格和医务人员薪资水平。医改的三明模式必将对医药制造业和医疗服务业产生重大影响。当下，对医药制造业和医疗服务业耦合协调发展的研究，不仅有助于理顺药品生产和医疗服务供给之间的关系，还有助于把握健康产业升级的规律，从而在制定和实施医疗、医药、医保政策时更具有针对性和可操作性。

第二节 文献综述

由于医药制造业与医疗服务业耦合协调有着相当丰富的内涵，相关的文献也非常庞杂。与本研究主题相关的研究总体上可以归纳为以下四个方面：第一是产业综合发展水平测度的相关文献；第二是制造业与服务业耦合协调发展的相关文献；第三是医药制造业与医疗服务业耦合协调发展的健康效应相关文献；第四是医药制造业与医疗服务业耦合协调发展的经济效应相关文献。本研究的文献综述部分将分别按照以上顺序展开。

一、产业综合发展水平的测度

在产业综合发展水平测度方面，目前大多数国外相关研究从产业可持续发展、产业结构优化升级、产业环境等方面对产业综合发展水平进行研究。Azapagic 和 Perdan（2000）提出了基于产业发展趋势的评价框架，并在此基础上构建了宏观与微观相结合的评价指标体系。Bossel（1999）在《可持续发展指标》一书中，对产业发展水平进行评价，其着重对产业可持续发展评价体系进行较为系统的论述。从总体来看，国外有许多关于产业发展评价的研究，但针对医疗服务业、医药制造业等新兴领域的研究相对较少。

1. 医药制造业综合发展水平的测度

医药制造业综合发展水平测度的相关文献主要涉及产业升级水平或产业竞争力水平的测度。本研究基于"单一指标"和"多维指标"视角对现有文献进行梳理。

（1）单一指标。王三兴和董文静（2018）运用显性比较优势指数来代表我国医药制造业的竞争力，发现近五年我国医药制造业发展水平逐步提高。康学芹和廉雅娟（2020）运用显示性竞争优势指数测度中美两国医药制造业国际竞争力，发现我国医药制造业综合发展水平逐步上升。Galović（2015）运用产业内贸易度指标分别对 21 个 OECD 国家制药业发展水平进行比较，并为各国制药业的发展提出相关建议。李宛亭等（2021）运用医药制造业产值占经济增长指数代表医药制造业发展水平，发现医药制造业发展水平逐年增长。

（2）多维指标。曹允春和林浩楠（2020）从企业规模、市场规模和研发能力三个维度构建医药制造业发展水平指标体系，运用 CRITIC 法测度医药制造业发展水平，发现我国医药制造业发展水平整体呈现逐步上升趋势，并指出对外经济贸易有利于其发展。吴传清和邓明亮（2017）从发展环境、发展规模、投入水平及创新能力四个角度构建长江经济带医药制造业竞争力评价指标体系，通过因子分析法分析发现，医药制造业发展水平整体呈现增长趋势，但区域内竞争力差距较大。傅智宏和姚轶蓉（2021）从资源要素条件、发展支持条件、结构效应与需求条件以及产业支撑四个维度构建医药制造业竞争力评价指标体系，发现我国医药制造业综合竞争力区域差异较大。

2. 医疗服务业综合发展水平的测度

在医疗服务业综合发展水平测度方面，学者从不同角度对产业进行研究。美国学者 Bates 和 Santerre（2005）对美国医疗服务业发展状况和影响因素进行了分析，并提出居民获取医疗服务的公平性是促进健康医疗服务业发展的前提。Chang 等（2014）运用杜邦分析法测算了美国医疗保健行业未来的盈利能力。

国内学者分别运用单一指标、线性与非线性等计量模型对医疗服务业发展程度进行了探讨。刘平良等（2018）运用卫生消费系数与人均诊疗次数对湖南省卫生服务业进行了研究，发现卫生服务业存在过度发展的问题。陶春海（2010）通过测度医疗服务业效率，发现我国医疗服务业资源分布不均衡是导致区域间医疗服务业发展水平差异较大的原因。李忠等（2019）通过构建我国医疗服务业平衡发展与有效治理的框架，发现医疗服务业发展存在不充分、不平衡的问题。朱坤（2019）从人口老龄化角度出发，对我国卫生服务体系发展现状进行了分析，发现我国卫生服务水平不断提高，医疗服务体系不断完善，但基层体系尚不完善。邵海亚和陶鹏（2017）从新医改视角出发，运用划桨模型与理论命题对我国医疗服务业发展现状进行了分析，发现目前医疗服务业的内外部尚不协调，从而抑制了基础医疗服务的优化。

二、制造业和服务业的耦合协调发展

本部分将从制造业与服务业耦合协调发展的理论演进、耦合协调发展水平的研究视角、耦合协调度的测度方法等七个方面对现有制造业与生产性服务业耦合协调发展测度的文献进行梳理与总结。

1. 制造业和服务业耦合协调发展的理论演进

制造业与生产性服务业两产业发展关系的理论沿着需求遵从论、供给主导论、产业互动论和产业融合论的脉络推进。

需求遵从论最早对制造业与服务业发展关系进行了具体解释。需求遵从论最早由 Riddle 提出，Riddle（1986）认为制造业是生产性服务业发展的前提。Francois（1990）对 Riddle 的研究进行了补充，提出制造业主要通过扩大自身产业规模，进而增加对中间服务的需求，带动服务业就业份额的增加，促进生产性服务业的发展。Hansen 和 Niles（1990）对需求遵从论进行了补充，他指出制造业的需求会拉动服务业增长，但两个产业间的差距会逐步缩小。制造业对生产性服务业的信息、技术要素需求是促进生产性服务业发展的根本动力（Coffey，2000；MacPherson，2008）。

20 世纪末，随着生产性服务业的发展壮大，许多学者发现传统的需求遵从论忽视了生产性服务业对制造业发展的支撑作用，随之提出了供给主导理论。Daniels（1991）最早发现，生产性服务业通过高效服务为制造业节约成本支出，为制造业良好发展提供了有力支撑。Karaomerioglu 和 Carlasson（1999）通过实证分析发现生产性服务业的增长能够促进制造业生产效率，因此对需求遵从论提出疑问。Restuccia 等（2008）首次完整地提出供给主导论，他明确提出生产性服务业是两产业发展关系中的主导产业。后续还有学者通过中介模型、随机前沿模型等验证了生产性服务业能够通过集聚（冯泰文等，2009；高洋和宋宇，2018）、技术进步（孙晓华等，2014）为制造业发展提供支撑，从而促进制造业发展水平的提高。

互动理论起源于达尔文的《物种起源》，Norgaard（1958）首次将互动理论应用在社会经济学范围内，提出产业互动论。产业互动论综合需求遵从论与供给主导论的观点，区别在于产业互动论认为制造业与生产性服务业的作用并不是单方向、简单地驱动，而是互相促进的作用。具体来说，产业互动论认为在产业发展过程中，制造业对生产性服务业的多样性与规模需求为生产性服务业发展提供动能；与此同时，生产性服务业通过改善知识、信息、技术等要素流通，促进制造业产品质量、服务质量以及生产效率的提高，两产业处于互相促进状态（Ellison 和 Glaeser，1997；Francois 和 Hoekman，2010；Lodefalk，2014；李宁等，2018）。

产业融合论认为，数字经济、信息技术等因素使制造业与服务业边界模糊，二者之间的联系变得更加紧密，呈现出融合发展的态势。产业融合论由 Szalavetz（2003）首次提出，他认为制造业的服务化能够提升制造业自身生产效率。Cui 和 Hasija（2012）以及 Arnold 等（2006）分别从产业融合角度和产业协同角度将产业融合论拓展到生产性服务业与制造业协同关系。

唐晓华等（2018）从行业层面和区域层面探究了制造业与生产性服务业之间的协同演化趋势，发现生产性服务业发展水平略低于服务业发展水平，且两者耦合协调水平不高。Kelle（2013）发现生产性服务业和制造业之间存在一种动态的协同发展关系。王晓蕾和王玲（2022）通过融合发展理论对制造业与物流业融合发展水平进行研究，发现物流业通过技术、产品、业务以及市场融合，降低生产成本以促进物流业与制造业融合发展。

2. 耦合协调发展水平的研究视角

国外学者主要对耦合的形式进行探究，将耦合概念应用在城市化—环境、环境资源—经济增长、创新系统等方面。Hansen（1990）对制造业与生产性服务业的耦合协调关系进行论证。Fläm 和 Godal（2004）对自然资源与污染许可证的耦合协调关系进行研究，发现两者的耦合协调发展会促进区域生态经济增长。Markard 等（2009）对瑞士的技术创新与组织变革耦合关系进行研究，发现两者的耦合协调会促进创新系统的发展。Li 等（2012）与 Zhao 等（2016）对城市化与环境的耦合协调关系进行研究，发现两者的耦合关系呈现"U"型与"D"型增长模式。Wu 等（2012）通过 CDD（耦合发展度模型）对人口与资源环境的耦合关系进行分析，发现两者尚未处于协调发展水平。Kebebe 等（2015）对创新系统内部的功能与结构耦合关系进行探究，发现埃塞俄比亚创新系统具有良好的发展趋势。Du 等（2016）对城市的主导行业与技术创新耦合协调水平进行选择，发现不同的煤炭资源城市耦合程度不同。

3. 耦合协调度的测度方法

目前，耦合协调发展评价方法主要有科学经济类、数理统计类和综合集成类三大类型。

（1）科学经济类。科学经济类的代表性方法有投入产出法、灰色关联分析法、偏离—份额法以及耦合协调度评价模型等。

投入产出法是将已有的投入产出表转化为所研究领域的投入产出表，利用该表对各经济部门间的投入产出关系进行研究，从而确定产业规模、内部协调发展状况（Becot 和 Marilyn 等，2020；Park 和 Chan，1989；Pilat 和 Wölfl，2005）。王孟新等（2020）、任永健等（2021）借助投入产出法分别分析了装备制造业、制造业与生产性服务业的协调关系。Choudhury 和

Chaterjee（2016）、Sinha（2015）在投入产出框架下，使用内生性结构突变方法分析了印度的产业协调变动情况。彭徽等（2019）根据投入产出表测度我国制造业与生产性服务业融合程度，实证结果表明我国制造业与生产性服务业融合程度逐年增长，但生产性服务业对耦合协调度的贡献偏低。鉴于相关数据的可获取性，投入产出法在应用范围上存在很大的局限性。

灰色关联分析法依据样本数据的灰色关联度来代表样本的协调发展水平。彭白丽等（2018）运用灰色关联分析法测度海峡西岸城市群产业协调发展程度，发现海峡西岸城市群产业结构联系紧密，同构性高。杨丽君和邵军（2018）将高度化、合理化和生态化与经济增长率进行耦合，运用灰色关联分析法测度其发展程度，发现区域产业结构与经济效率耦合度不断提升。灰色关联分析法尽管能减少信息不对称的损失，但其最优质的选择具有很强的主观性，导致耦合协调测度结果失准。

偏离—份额法是将特定区域的经济总量分为份额分量、结构偏离分量以及竞争力偏离分量三个分量，从三个层面测度区域经济内协调发展水平。罗海江（2013）根据偏离—份额模型对经济增长与污染排放协调程度进行实证，结果表明经济增长与污染排放存在协同发展关系。李微等（2019）采用灰色预测法结合动态偏离—份额法对黑龙江林业产业结构内部协调状态进行了测度，结果表明林区林业产业结构将进行调整。

耦合协调度评价模型是通过表征多系统之间离差公式的耦合协调度代表耦合协调水平。国内学者构建多指标体系的制造业与生产性服务业发展水平评价体系，通过耦合协调度模型测度我国制造业与生产性服务业耦合协调度，发现制造业与生产性服务业耦合水平低下且区域差异明显，生产性服务业的落后发展是制约协调发展的短板（张沛东，2010；刘军跃等，2013；马珩，2012；张虎和韩爱华，2018；袁平红和王珍珠，2022；张莎娜等，2021）。耦合协调度模型以其限制少、应用灵活的特性成为学者测度耦合协调度的最优选择。

（2）数理统计类。数理统计类以挖掘相关数据的内在关系为目标，代表性方法有统计回归模型、贝叶斯技术等。李东兵和宓淑婧（2020）运用贝叶斯 VAR 模型分析了粤港澳区制造业与生产性服务业耦合协调发展程度。李志强和吴心怡（2016）使用面板模型分析了制造业与生产性服务业耦合协调发展对区域经济的影响。刘奕辰等（2020）通过联立方程组的中介效应模型对制造业与服务业生产效率匹配度进行了分析。邵汉华等（2019）运用社会网络分析法对创新发展水平的空间关联度进行了分析。

（3）综合集成类。综合集成类以多种方法的综合应用为特色，可以最大限度地利用各种方法的优点，避免方法固有的缺陷，从而更好地解决问题。吴连霞等（2017）运用标准差椭圆模型与重心模型、空间重叠性和变动一致性等方法，探讨了江苏省经济与人口结构耦合发展的空间格局演变及内在形成机理。钟孝江（2019）用关联度分析和匹配度分析考察了我国产业升级与就业结构的协同关系。刘琳（2021）使用空间面板对耦合协调发展促进产业升级的效应进行评价分析。

4. 指标体系赋权方法

有关指标体系进行赋权的方法有很多，传统的赋权方法总体可以分为主观赋权法、客观赋权法和组合赋权法三大类。

（1）主观赋权法。该方法是决策者依据主观经验和重视程度对指标进行赋权，常用的有专家调查法（郭立伟等，2011）、德尔菲法（沈绮云等，2021；艾晓玉，2020）、层次分析法（陆培志，2018；李晚莲等，2018）、最小平方法（杨世箐和杨成钢，2014；熊杨，2011）等。

（2）客观赋权法。该方法是指各属性在属性集中的变异程度和其他属性的影响程度的度量，常用的有主成分分析法（苏竣等，2021；刘亚臣等，2008）、熵值法（陶春海等，2021；张彩霞等，2021）、多目标规划法（刘满凤等，2017）、投影寻踪法（吴丹等，2017）等。

（3）组合赋权法。该方法也称主客观综合赋权，是基于指标数据间内在规律和专家经验对指标进行综合赋权（马爱迪等，2020）。近些年，大部分研究将多种方法相结合对指标体系进行赋权。将组合赋权法与模糊综合评价法（代洲等，2020）、TOPSIS（刘晓君等，2021；桂夏芸等，2020）、云模型（廖斌等，2020；罗建等，2020）、博弈论（方创琳，2017；林鸿熙，2021）等相结合。

5. 医药制造业和医疗服务业耦合协调发展

（1）医药制造业耦合。我国学者分别从区域、产业间与产业内层面，对医药制造业与相关对象的协调发展程度进行了探讨。

在区域层面，叶梦寒等（2020）与余紫君和褚淑贞（2018）运用耦合协调度模型探究了我国 31 个省份医药制造业与区域经济之间的耦合关系，发现医药制造业系统和区域经济系统间存在明显的耦合特征，耦合协调度在 2010—2016 年有明显上升的趋势，虽然其间有波动但波动程度较小且整体呈现上升态势。这说明医药制造业与经济增长水平处于磨合阶段，且大部分省份的耦合协调度类型属于医药制造业相对滞后类型。沈蕾等（2016）从产业生命周期与区域产业协同发展理论出发，通过 Logistic 模型发现京津冀地区医药制造业处于生命周期 2 期，发展水平相对落后，应积极与其他产业融合以达到快速发展目的。

在产业间层面，傅为忠和王杰（2015）利用 AHP 熵权法、灰色关联度模型探究了安徽省医药制造业与生产性服务业协调发展程度，发现二者处于相互耦合协调，互相促进发展状态；王燕和孙超（2019）利用 E-G 指数探究了高技术产业与生产性服务业的协同发展水平，发现医药制造业与科学研究类生产性服务业的协同发展水平高于医药制造业与信息传输类生产性服务的协同发展水平。

在产业内层面，张昕男等（2017）从创新环境、创新技术研发、创新技术、创新产出四个角度构建了创新系统协同评价体系，利用复合系统协同模型测度出 2006—2014 年上海医药制造业创新系统均处于"逆协同"和"不协同"水平，进而制约着上海市医药制造业的高质量发展。余紫君等（2018）构建了医药制造业竞争力与创新药物研发评价指标体系，运用灰色关联度模型测度发现，药物研发要素有助于提高医药制造业竞争力。王坤（2017）从专利视角出发，利用系统协同模型对京津冀医药制造业的创新绩效进行了探究，发现京津冀地区整体协同度始终低于北京市的协同度、始终高于河北省的协同度。刘宇等（2019）基于供给侧视角对医药制造业创新投入产出的耦合程度进行了研究，发现其投入产出的耦合协调度呈逐年上升趋势，医药制造业发展水平稳步上升。

上述研究表明，我国医药制造业相对滞后是制约其协调发展的主要原因。

（2）医疗服务业耦合。我国学者分别从区域、产业间与产业内层面，对医疗服务业与相关对象的协调发展程度进行了探究。

在区域层面，李蕾等（2017）对世界上现有国家医疗体系进行了梳理，发现我国实行的是政府主导、市场参与的医疗卫生体制，运用六维对比图研究发现，相对于欧美发达国家，我国医疗卫生服务整体消费水平不高，医疗供给水平也相对落后。

在产业间层面，王俊鹏等（2021）运用分层随机抽样、耦合协调度模型对基层医疗卫生服务体系耦合度进行了测度，发现基层医疗与公共卫生耦合协调发展程度较低。

在产业内层面，杨茜茜等（2020）运用耦合协调度模型从医疗服务设备供需角度出发，对医疗服务发展现状进行了测度，发现医疗服务业供需不匹配制约着医疗服务业的发展。薛宇等（2019）运用 ARIMA-灰色耦合模型对江苏省未来几年医疗服务业供给两侧的资源发展状况进行了预测，发现医疗供给水平较弱并提出了建议。在探究医疗服务业与不同对象耦合协调度水平的研究中，普遍认为我国医疗服务业发展水平相对较好，能促进相关产业增长，从而促进其与其他产业之间的耦合协调水平，但医疗服务业存在资源分配不均衡的问题。

（3）医药制造业与医疗服务业耦合协调发展。在医药制造业与医疗服务业耦合协调发展研究中，学者均以"三医联动"为切入点进行探讨。王东进（2015）认为医疗制度改革过程中，不仅需要强调医药制造业、医疗服务业与医疗保险业同步协调发展，也需要坚持"四分开"（医药分开、管办分开、政事分开、营利性与非营利性分开）。翟绍果（2017）、陈仰东（2016）对医疗、医保与医药协调发展的重要性进行了论证。沈莎（2016）在论证协调发展的重要性后，提出创新卫生系统管理机制是"三医联动"发展的前提。赵云（2017）按时间发展顺序对"三医联动"改革演进变化进行梳理，发现"三医联动"未在医药卫生事业单位内开展是制约当前医疗制度改革深化的主要原因。叶俊（2016）强调"三医联动"是健全医疗制度的重要路径，但在改革中需要要素与相关系统协调发展。

大多数研究都是从定性的角度来论证医药制造业与医疗服务业耦合协调发展的重要性，但是目前还没有学者对两者之间的协调发展水平进行量化研究。

6. 制造业与服务业耦合协调发展的区域分布及演进评价

现有关于制造业与生产性服务业耦合协调的研究视角主要体现在区域

和空间两个方面。

（1）从区域层面对制造业与服务业耦合协调水平进行评价。泛长安等（2021）利用产业协同集聚水平测度制造业与生产性服务业的协调发展关系，并从三产效率与技术创新两个视角通过空间计量模型探究了省域协调关系对经济增长的影响。

（2）从空间相关性对制造业与生产性服务业耦合协调水平进行评价。邱灵等（2008）基于空间关联视角，利用投入产出方法分析了北京市制造业与生产性服务业的关联性，发现生产性服务业与制造业的正相关性。公维民等（2021）基于关联视角，利用区位选择模型对微观企业数据进行了分析，发现制造业与服务业在空间分布上存在趋同性。

7. 制造业与服务业耦合协调度的影响因素

近年来，越来越多的学者开始关注制造业与生产性服务业耦合协调度的影响因素，主要分为以下四个方面：一是劳动力市场（Micco 和 Repetto，2012）；二是产业集聚水平（胡绪华等，2021）；三是技术发展水平（David et al.，2016；Fuchs，2014），技术革新与数字经济等会模糊生产性服务业与制造业边界，加深两产业内部因素联系，影响耦合协调度水平（武宵旭等，2021；陈秀英等，2021）；四是合理的制度因素，政策扶持、外商投资以及固定资产投资会促进制造业与生产性服务业耦合协调发展水平（王雪莹等，2021）。

三、医药制造业与医疗服务业耦合协调发展的健康效应

目前鲜有关于制造业与服务业协调发展对居民健康影响的相关文献，本研究分别从医药制造业以及医疗服务业的健康效应两个方面对相关文献进行梳理。

国外学者对医药制造业的健康效应研究较少。Vernon（2007）提出，在美国提高药品生产效率，降低药品价格有助于提升居民健康，并呼吁降低医药制造业生产成本。Rantanen 等（2015）阐明提升医药制造业生产效率、制药技术有利于满足公众健康需求，提升居民健康水平。

从现有文献来看，国内外学者对医疗服务业与居民健康水平之间的关系的研究主要围绕医疗服务可及性对居民健康的影响。医疗服务业为居民提供基层医疗卫生服务，能够改善医疗服务可及性，这显然有助于改善"看病难"问题，进而对居民健康水平的提升产生积极的影响。Diehr 等（1979）的研究发现，医疗服务可及性的改善显著提高了当地居民的医疗服务使用率。世界上很多国家都积极采取改善农村或偏远地区居民医疗服务可及性的举措，如增加医疗机构的密度及覆盖范围，提高医护人员专业水平，加大对偏远地区相关硬件设施的支持等，以消除城乡居民间健康差异。

国内学者对医疗服务可及性与健康之间的关系也做出大量探讨。例如，辛怡（2012）认为，需方可及性变量中收入和医疗保险对健康影响显著，供方只有医疗服务价格显著，需方影响程度大于供方。李华和俞卫（2013）依据全国 30 个省份"千村"现场调查数据，发现村卫生室诊疗水平的提高对居民的健康有促进作用，提升新农合筹资水平对居民健康缺乏显著影响。不难发现，大部分研究结果支持政府农村卫生支出重点投向基层医疗服务和公共卫生的发展策略，这从侧面验证了医疗服务业是决定居民健康水平的重要影响因素。

四、医药制造业与医疗服务业耦合协调发展的经济效应

1. 相关理论研究

围绕医药制造业与医疗服务业耦合协调发展对经济增长的影响，学者开展了一系列研究，所涉及的相关理论主要有分工理论与迂回生产学说、循环累积因果理论以及价值链理论等。

大部分已有文献以分工理论为理论依据，对制造业与服务业协调发展对经济增长影响进行分析（崔日明等，2020；侯杰等，2020）。分工理论的基本观点是社会分工会提高生产效率，而相关服务的外包加深制造业与服务业的关联。随着分工的深化，两产业得到巨大发展，生产效率得到提升，进而促进了区域经济的增长。

迂回生产学说则认为，在生产过程中，制造业通过将中间服务外包，提升中间投入要素的附加值，加深迂回化生产过程中的分工，提升生产环节的产品增加值，从而促进企业发展，扩大经济效应（陈建军等，2011；李勇等，2010）。

循环累积因果理论认为，服务业在制造业生产过程中，二者互动效应

的循环累积，推动经济增长（Myrdal，2013；刘佳等，2014）。

价值链理论认为制造业在整个生产过程中都离不开服务业提供的中间价值服务，因此在制造业的生产过程中，两产业相互推动发展，进而推进经济的发展（孙先民等，2019；陆小成，2009）。

2. 经济效应的分类

现有文献主要从经济增长效应、经济波动效应、区域协调效应三个方面开展制造业与服务业耦合协调经济效应的相关研究。

在经济增长效应层面研究中，学者发现耦合协调发展会促进经济增长。杜传忠等（2013）从产业规模、区域经济发展水平、效益及技术创新等维度构建区域竞争力指标体系，发现制造业与生产性服务业耦合协同度的提升会促进该地区经济圈竞争力的提高。李晓钟等（2018）基于 C-D 函数研究指出，产业融合水平的提高对纺织产业创新能力、出口规模和质量具有显著促进作用，进而促进经济增长。郑建锋等（2017）运用耦合协调度模型探究城镇化—金融集聚协调发展的经济效应，发现城镇化与金融集聚协调发展会促进经济增长。

国内研究学者较少研究经济波动的影响，于鸿鹰等（2017）对山东省产业集聚进行了研究，结果表明产业集聚的多样化有利于减少经济波动。江胜名等（2016）运用 HP 滤波方法测度生产性服务业生产率对经济波动率的影响，运用多种估计方法均发现生产性服务业发展有助于抑制经济波动。

协调发展对区域的协调效应存在争议。张虎等（2019）发现当前制造业与生产性服务业耦合协同能促进空间层面的协调发展。孙畅（2020）研究发现，中国高端服务业与先进制造业匹配发展水平存在区域差异，绝对差异呈现扩大态势和两极分化现象，区域间差异是总体差异的主要来源，两产业匹配发展为绝对 β 收敛和条件 β 收敛，不利于区域协调发展。

目前，耦合协调对于经济增长的促进作用得到了学者的普遍认同，但其对经济波动以及协调效应的影响存在争议。

3. 居民健康与经济增长的关系

关于居民健康与经济增长的关系，学者并未形成一致的意见。一部分学者认为经济增长会促进居民健康水平。赵璟和靳珍（2021）运用空间计量模型进行实证分析，结果表明经济增长会影响居民健康水平，在直接影响方面，经济增长对公共健康呈现为"U"型影响的特征；在中介影响中，经济增长通过教育促进公共健康。曲卫华和颜志军（2015）将经济增长纳入 Grossman 健康生产函数，发现经济增长对居民健康的影响呈现"U"型特征。杨继生等（2013）发现经济增长通过收入效应增加居民收入，改善居民的生活环境和生活质量，提升公共健康水平，但也可能会通过替代效应增加居民的心理负担，引发各种疾病。

另一部分学者认为居民健康水平的提高会促进经济增长。张辉（2017）通过改进的 Barro 三部门内生增长模型发现，居民健康水平的提高将通过对教育效率的提高进而促进经济的持续稳定发展。Ebenstein 等（2015）认为空气污染是中国经济增长和健康收益不匹配的重要原因，城市经济增长正向显著影响居民预期寿命，进而促进居民健康水平。健康通过促进劳动生产、提高劳动供给质量、提升教育资本与调节收入分配等路径达到促进经济增长的作用。Bloom 等（2001）通过实证发现居民健康水平的提高会促进经济增长。张学杰（2001）发现居民健康水平的提高会促进劳动生产率提升，进而促进经济增长。Grossman（1980）发现居民健康水平的提高会提高居民的工作时间与提升工作效率，进而达到促进经济增长的效果。Ruger（2004）研究发现，居民健康水平的提高会降低居民死亡率，促进教育投资的增长，进而促进经济增长。目前对经济增长与居民健康水平因果关系仍然存在争议。

五、研究评述

从前文不难发现，无论从产业发展的理论基础研究，还是相关的应用研究层面，以医药制造业或医疗服务业为主要研究对象，针对单一产业开展的相关研究已经数量颇多，国内外学者均取得了较为丰硕的成果。但是本研究认为，在以下几个方面现有文献还存在进一步研究的空间。

（1）缺乏两产业耦合协调发展水平测度方面的研究。医药制造业与医疗服务业协调发展效应是复杂的，单独对制造业或服务业耦合协调发展水平进行研究，会忽略健康产业内部协调发展的研究。在当前研究背景下，由于对两产业耦合协调发展的聚焦不足，导致在该研究对象上的统计测度水平缺失。需要有一种合理且有效的统计量或统计方法对该对象进行量化的反映，以应对后续研究的比较、分类需求。

（2）两产业的耦合协调发展的效应探究不足。通常认为，医药制造业与医疗服务业的发展能直接对国民健康产生影响，是健康中国战略顺利实现的重要保障，不仅能直接拉动经济的发展，还能通过人力资本等途径对经济产生间接效应。那么两产业的耦合协调发展是否会对居民健康水平和经济发展产生影响？这种影响来自何种传导机制，其程度应当如何量化？从目前来看，围绕这些问题的研究显然有待进一步完善。

综上所述，目前鲜有文献对"两产业耦合协调发展—提升健康效应—促进经济效应"路径进行探究，也未形成相关研究的完整理论框架。鉴于此，本研究聚焦两产业的耦合协调发展，从统计测度入手，详细分析耦合协调度的统计测度方法，探究耦合协调发展的健康效应和经济效益的影响机理，并通过实证分析检验相关路径，再根据分析结果提出相应的政策建议，以期为两产业的高质量发展以及提升健康效应和促进经济效应的相关路径提供参考。

第三节　研究架构

一、研究内容

本研究基于"产业评价—耦合水平测度—影响因素挖掘—耦合协调发展的健康效应—耦合协调发展的经济效应"逻辑，以医药制造业与医疗服务业为研究对象，采用相关统计年鉴数据，测度全国除港澳台地区以外的31个省（自治区、直辖市）两产业的协调发展水平及时空变化趋势，并对其落后产业以及障碍因子进行识别，进而分析医药制造业与医疗服务业耦合协调发展水平的影响因素、耦合协调对居民健康水平及耦合协调对区域经济增长的影响机理、传导路径和关联效应，以期为两产业耦合协调发展的健康效应及经济效应的研究提供一个清晰、科学、完整的理论框架。具体内容如下：

第一章为绪论。介绍医药制造业与医疗服务业协调发展的研究背景及意义，并从医药制造业、医疗服务业、制造业与服务业协调发展三个方面对国内外相关研究文献进行了梳理，重点对本研究的选题背景和研究意义、国内外研究现状等进行概括梳理。而后指出本研究的创新点和不足之处。其中，文献综述部分首先对医药制造业、医疗服务业以及制造业与服务业耦合协调发展研究现状进行了整理，并系统地梳理了制造业与服务业协调发展关系、统计测度、动因、影响路径及存在的问题的研究现状。其次阐明了"产业发展—产业耦合协调—影响因素—耦合协调发展的健康效应—耦合协调发展通过健康效应促进经济增长"的研究思路。最后指出本研究的主要内容、研究方法及创新之处。

第二章为医药制造业与医疗服务业耦合协调发展的理论基础。运用统计学、新经济地理学、产业经济学、区域经济学等学科的相关理论和方法，借鉴前人的研究成果，首先对医药制造业与医疗服务业协调发展的研究范围、概念进行了界定；其次对产业协调发展指标与赋权方法进行分析与归纳，进而分别从分工协作、交易成本、价值链以及创新理论四大理论视角分析了产业协调发展的内在动机并对医药制造业与医疗服务业耦合协调发展动因进行归纳；最后总结出"产业内资源整合—产业间结构优化—外部功能协同"的医药制造业与医疗服务业耦合协调发展的路径。

第三章为医药制造业与医疗服务业综合发展水平的测度与分析。在遵循科学实用性、系统性、动态性、完备性等原则基础上，基于中国 31 个省份 2003～2019 年的样本数据，分别选取代表产业规模、经济效益、社会贡献和产业潜力的 12 项指标，构建反映医药制造业与医疗服务业综合发展水平的双层指标体系，并采用熵权-TOPSIS 赋予指标权重，分别测算医药制造业与医疗服务业两产业综合发展水平。运用重心模型 Dagum 基尼系数测度两产业的发展重心格局以及不平等水平，以探究医药制造业与医疗服务业发展的空间分布，发现医药制造业与医疗服务业综合发展水平均不高，在时间维度保持相似的发展步伐，在空间维度上局部分布存在相似特征，空间非均衡性明显。

第四章为医药制造业与医疗服务业耦合协调发展水平的测度。运用耦合协调度模型动态地对医药制造业与医疗服务业协调发展水平进行测度，并从总体、省域、区域三个层面来观察两产业耦合协调发展程度在不同地域范围的变化。结合 Tapio 指数与耦合协调度模型对两产业耦合协调发展趋势以及落后产业进行识别。运用解耦方法对制约耦合协调发展的障碍因子进行识别，深入分析两产业耦合协调度发展水平内部结构的变化。运用贝叶斯线性模型预测医药制造业与医疗服务业在未来可能的协调发展水平及演变方向。

第五章为医药制造业与医疗服务业耦合协调发展的影响因素。基于产业协调发展与新经济地理学理论，选取影响医药制造业与医疗服务业协调发展水平的影响因素，采用全局与局部 Moran's I 指数、空间面板计量模型及地理探测器模型定量分析了医药制造业与医疗服务业耦合协调发展水平的空间相关性、影响因素的空间溢出效应及空间异质性。

第六章为医药制造业与医疗服务业耦合协调发展的健康效应测度。首先，对医药制造业与医疗服务业耦合协调发展促进居民健康水平理论机理进行分析；其次，从国际对比、国内发展历程以及区域内差异三个方面对我国居民健康水平变化情况进行分析；最后，在对贝叶斯模型平均方法的思想、设定、假设等进行介绍的基础上，以前文测度的医药制造业与医疗服务业耦合协调发展水平为主要解释变量，合理选择其他控制变量，并采用贝叶斯模型平均方法实证检验两产业耦合协调发展对居民健康水平的影响，以探究医药制造业与医疗服务业耦合协调水平是否会对居民健康水平产生影响。

第七章为医药制造业与医疗服务业耦合协调发展的经济效应测度。首先，从直接效应、间接效应两个方面对两产业耦合协调发展的经济效应影响机理进行分析；其次，通过非参数模型考察两产业耦合协调发展对经济增长的直接效应，并运用广义线性模型检验直接效应的稳健性，再通过非参数模型考察两产业耦合协调发展对经济增长的总效应，并运用非参数拟合效果检验与广义线性模型证明总效应的稳健性；最后，通过中介效应结果检验间接效应影响机理，验证"两产业耦合协调发展—提升健康效应—促进经济效应"的影响路径。

第八章为结论与政策建议。总结第一章至第七章关于医药制造业与医疗服务业耦合协调发展的理论与实证分析结论，并根据研究结论提出相应的政策建议。

二、研究方法

由于本研究涉及经济学、统计学、社会学等多学科领域，因此，需综合运用相关学科的研究方法，其主要包括以下四种方法。

第一，文献归纳法。一是通过对相关文献的全面收集与整理，运用归纳、比较分析、历史逻辑等方法，系统、全面地梳理了一定时期内公共经济学、健康经济学、卫生经济学、福利经济学等经济学细分领域的研究进展；二是对国内外现有研究成果进行归纳总结，并据此构建医药制造业与医疗服务业耦合协调的概念内涵和测度指标体系；三是对相关政策、文献资料进行梳理，为本研究奠定了理论基础。

第二，定量与定性分析结合法。在实证分析中，针对地区差异化，采用定性与定量的方法区分类别，以增强可操作性，并给出预测性建议，从而为政府的决策提供有效参考。在特定指标上，构建数学模型，对医药制造业、医疗服务业发展水平、耦合协调发展水平、健康效应以及经济效应进行综合测量分析。

第三，特征分析。为深入探讨协调发展水平，本研究还将分析医药制造业、医疗服务业以及协调发展水平的特征。特征分析主要是描述性特征和时间演化、空间分布特征以及区域间差异，其中，描述性特征分析即将历年总指数的等级分布简单描述。而时间演化和空间结构特征则采用时序模型、面板模型和 Moran's I 指数等多元统计方法进行分析。

第四，统计分析。结合计量经济学与公共服务理论，通过对 2003—2019 年我国各省（自治区、直辖市）医药制造业与医疗服务业发展水平演进趋势，采用比较分析法对医药制造业、医疗服务业发展水平以及耦合协调发展水平的时间演化、空间结构特征以及区域间差异进行比较。通过 Tapio 指数、解耦方法识别落后产业、制约耦合协调发展的障碍因子。由于医药制造业与医疗服务业耦合协调发展水平存在时空差异，采用空间计量模型与地理探测器模型，分别从空间溢出与空间分异视角挖掘两产业耦合协调度的影响因素。结合耦合协调发展对经济增长产生影响的事实，采用非参数中介模型对"医药制造业与医疗服务业耦合协调发展—健康效应—经济效应"效应路径进行验证。所有计量模型通过 Eviews、SPSS、STATA、R 语言等统计软件进行分析，并对模型进行了稳定性、一致性、平稳性统计检验。

三、技术路线图

本书的技术路线如图 1-1 所示。

医药制造业与医疗服务业耦合协调发展的统计测度研究

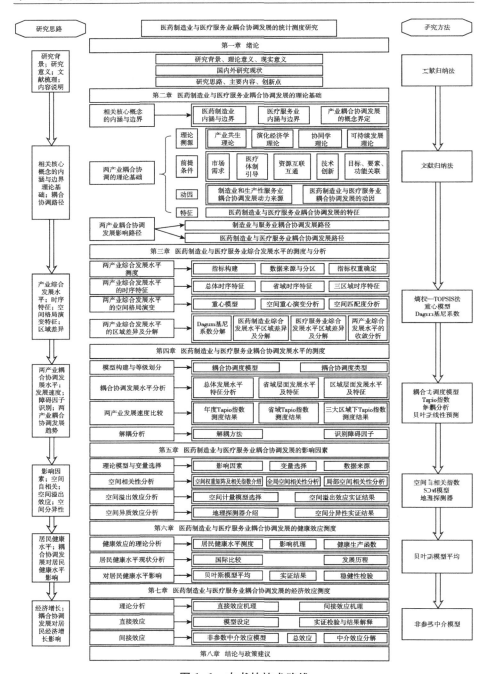

图 1-1　本书的技术路线

资料来源：笔者自绘。

第四节 创新与不足

一、主要的创新之处

中国的健康产业目前处于飞速发展的阶段，对协调发展的研究也吸引了众多国内外研究者的关注。在产业发展过程中，如何运用耦合协调模型进行理论、思路和方法的创新，也成为学术界的一个热门话题。本研究在现有的文献基础上，进行了以下创新。

第一，拓展了产业耦合协调发展研究的内容。创新性地探究医药制造业与医疗服务业综合发展水平现状、共性特征、差异水平及两产业耦合协调水平的动态演进规律，继承和拓展了产业关联、耦合研究，为推动各地区两产业协调发展提出可供借鉴的模式。基于两产业特征与内涵的综合评价方法应用，从时间、空间两维度对两产业发展共性进行归纳，并对造成空间不均衡的来源进行总结。基于耦合协调度模型的多指标综合评价方法的应用，从时间、空间两个维度探讨两产业耦合协调发展的演进规律，为促进产业协调发展提供决策参考。

第二，延伸产业耦合协调发展研究的空间范围。基于空间视角，通过测度两产业耦合协调发展的空间相关性，影响因素的空间溢出效应、空间异质性，将产业协调发展的理论分析延伸至空间层面。目前已有研究多集中于产业层次上，对空间要素的研究较少。因此，本研究采用空间探索性方法分析测度了两产业耦合协调水平的相关性，应用空间计量模型分析其影响因素的空间溢出效应，应用地理探测器模型深入探讨了各影响因素的空间异质性特征，弥补了产业协调发展在空间实证研究中的不足。

第三，创新产业耦合协调发展的研究方法。借鉴弹性系数的思想对脱钩指数进行改进并用于测度两产业增长速度的协同程度，同时，借鉴数学中的解耦分析思路，采用无模型自适应控制方法对两产业耦合协调发展水平进行解耦分析，以精准识别制约耦合协调发展的障碍因子，创新了产业耦合协调发展的研究方法。

第四，深化了产业耦合协调发展的理论研究。突破传统的线性单向思维，构建了"两产业耦合协调发展—提升健康效应—促进经济效应"的理论分析框架，并运用贝叶斯模型平均、非参数中介模型进行实证检验。首先，运用贝叶斯模型平均方法探究两产业耦合协调发展对居民健康水平的促进效应，建立了两产业耦合协调发展对居民健康水平的推动机理，拓展了产业协调发展健康效应研究。其次，本研究尝试运用非参数中介模型对两产业耦合协调发展促进经济增长的路径进行检验。相较于传统的线性模型，能更好地揭示产业协调发展对经济效应具有条件性和阶段性的非线性影响，拓展了产业关联、居民健康和经济增长影响因素分析的研究方法。

二、不足之处

本研究主要从理论和实证两方面分析了医药制造业与医疗服务业耦合协调发展水平、健康效应以及经济效应，由于受到研究资料和自身学识所限，且囿于论文篇幅，本研究依旧存在以下一些不足之处。

一是受限于数据的可得性、实效性和严谨性，本研究构建的相关指标体系未能详细地反映医药制造业与医疗服务业发展全貌。

二是本研究实证分析中对指标选择方面考虑不够。居民健康水平与经济增长的影响因素众多，相关解释变量难以全面纳入研究内容中。此外，在研究对象上，本研究主要立足于整个省级区域宏观层面进行研究，对微观层面缺乏必要关注。

三是本研究虽已尽力完善系统架构，但由于涉及的范围太广，各部分的阐述难免不够全面、不够完善、不够深入，仍有进一步提升的空间，特别是关于耦合协调发展与经济增长关系的论述尚须深化，后续还需就耦合协调发展对经济增长质量的影响进行进一步研究。

第二章 医药制造业与医疗服务业耦合协调发展的理论基础

医药制造业和医疗服务业之间不是单向、单一促进作用，医药制造业与医疗服务业间协调发展为动态的互动形态。在新冠疫情中，云计算、大数据、5G技术、人工智能等新一代信息科技的深度应用，使医药制造业与医疗服务业呈现出前所未有的融合发展趋势，这也决定了医药制造业与医疗服务业的发展程度和空间分布具有复杂性、多样性、交叉性。本章基于耦合协调发展理论，系统分析当前政策环境，按照"范围界定→耦合协调理论框架构建→耦合协调发展动因→耦合协调发展路径"的思路，归纳医药制造业与医疗服务业耦合协调发展的理论基础。

第一节 相关核心概念的内涵与边界

一、医药制造业的内涵与边界

医药制造是指原料经物理变化或化学变化后成为新的医药类产品的过程，包含通常所说的中西药制造，兽用药品、医药原药及卫生材料。医药制造业是保障民生的支柱产业，具有辐射面广、吸纳就业人员多、促进消费能力强的特点。医药制造业既能通过提高医药质量，减少药物副作用，改善居民健康水平，提高产业社会贡献，也能通过增加就业，改善劳动力质量，促进经济增长。

本书所讲的医药制造业主要涵盖 7 个中类、8 个小类，中类分为化学药品原料药制造、化学药品制剂制造、中药饮片加工、中成药生产、生物药品制造、卫生材料及医药用品制造、药用辅料及包装材料制造。具体分类见表 2-1。

表 2-1　医药制造业分类

国民经济行业代码	大类	27							
	中类		271	272	273	274	276	277	278
	小类		2710	2720	2730	2740	2761/2762	2770	2780
国民经济行业分类名称		医药制造业	化学药品原料药制造	化学药品制剂制造	中药饮片加工	中成药生产	生物药品制造／基因工程药物和疫苗制造	卫生材料及医药用品制造	药用辅料及包装材料制造

资料来源：《国民经济行业分类》（GB/T 4754-2017）国家标准第 1 号修改单。

作为高新技术制造业的核心产业，医药制造业具有技术知识密集、附加值高、成长性好、关联性强、带动性大等高新技术制造业的共性，还具有高技术性、高收益性以及高风险性的特性。医药制造业的高技术性体现在它需要融合各学科的先进技术，在药品研发过程中需要高端技术人才与充足的经费，在药品制造过程中需要精密的设备。新药的较高溢价、独特的制药技术使医药制造业具有高收益性。新药、新设备的研发风险使医药制造业具有高风险性。

二、医疗服务业的内涵与边界

关于医疗服务业的概念并没有一个统一的界定，不同主体基于各自视角对医疗服务业进行定义和分类。例如，在《关于医疗卫生机构有关税收政策的通知》（财税〔2000〕42 号）中，财政部将医疗服务业定义为对患者进行检查、诊断、治疗、康复，提供预防保健、接生、计划生育等方面的医疗服务，以及提供药品、医用材料器具、救护车、病房住宿和伙食的相关产业。人民卫生出版社从狭义和广义两个角度对医疗服务业进行划分：狭义的医疗服务业仅包含医疗服务技术人员为人类提供基本医疗诊断的产业，广义的医疗服务业是指医疗服务技术人员通过科学医疗技术手段，为保障增进人类健康而提供的相关服务产业，包含狭义的医疗以及预防、康复、保健、健康医疗咨询等在内。

医疗服务业提供的产品主要由基本医疗服务以及附加医疗服务组成，其中，基本医疗服务是指医疗服务业机构以解决居民病痛为目标提供的相关医疗服务；附加医疗服务是指医疗服务业提供的附加服务，如医学知识的普及、服务承诺等，它能为消费者带来更高层次的生理与心理的满足，并能带来社会效益。医疗服务业既能通过优化医疗服务质量，改善民生，提高社会贡献，也能通过改善人力资本质量带动经济增长，其中它的社会贡献是政府的关注焦点。

综上所述，本研究所讲的医疗服务是指医疗卫生机构利用医务人力资源以及病床、医疗设备基础设施，为满足病人和相关社会人群等服务载体的医疗保健需求，提供诊断、治疗以及伴随药剂和医疗器械的服务过程。医疗服务业是以直接服务和保障居民生命健康为目的，通过病床、药品及科技化、电子化的医疗设备与技术手段为居民提供健康服务的相关产业。依据《健康产业统计分类（2019）》（国家统计局令第 27 号），本研究的医疗卫生服务业属于第一大类，它主要包含 4 个中类、24 个小类。具体分类见表 2-2。

表 2-2　医疗服务业分类

代码	大类	01			
	中类		011	012	013	014
	小类		0110	0120	0130	0140
国民经济行业分类名称		医疗卫生服务	治疗服务	康复、护理服务	独立医疗辅助性服务	公共卫生服务

资料来源：《健康产业统计分类（2019）》（国家统计局令第 27 号）。

医疗服务业提供的服务既具有一般服务的无形性、不可分离性、差异性、不可存储性等共性，也存在因医疗行业复杂性而所特有的服务不确定性和对服务人员的高要求性。因为往往疾病的发生以及对疾病的治疗所需时间和最终疗效皆具有不确定性，且医疗服务活动高度专业化要求卫生人员、设备、技术等需要严格满足较高专业标准。

三、产业耦合协调发展的概念界定

耦合是指两个（或两个以上）系统通过技术、信息等要素的流通达到彼此相互依赖、约束、促进、协调的水平。耦合的概念起源于物理学，并广泛出现在各个领域。目前，"耦合协调"的概念尚存在一定争议，大部分学者从产业协调角度和内部发展角度对其进行定义。

在产业协调视角下，学者分别从要素间发展结构、要素间发展动力等角度对耦合协调进行定义。在产业发展结构视角下，学者认为耦合协调不仅包括产业结构的合理化（江洪、赵宝福，2015），还应包括产业生态化与高度化（杨丽君、邵军，2018）。在产业发展视角下，学者分别从过程、状态等角度对耦合协调进行定义。从产业内部发展过程视角出发，耦合协调可定义为系统内部各因素之间的发展状态从低级到高级、无序到有序、简单到复杂的发展过程（柯健、李超，2005）；从产业内部发展的潜力视角出发，耦合协调是各因素或系统之间经过互动作用达到系统的均衡与兼容状态，是系统内部达到的一种动态可持续发展的状态（曾嵘等，2000；黄建欢等，2014）。

结合已有文献的观点，本研究认为耦合协调发展是指两产业为通过融合互动，形成互相制约联动的系统，进而克服原单一产业的发展局限，将两产业优势进行互补与融合，实现单一系统的综合均衡发展，实现系统高质量发展的产业发展状态。

参考产业耦合协调发展概念的演变过程，本研究将医药制造业与医疗服务业耦合协调发展的内涵界定为：立足国内庞大健康市场需求，以健康资源为联动结点，医药制造业与医疗服务业通过健康资源的最优配置形成合力，使健康产业逐步实现沿着产业内价值链攀升和产业间结构不断优化的过程。

第二节 医药制造业与医疗服务业 耦合协调发展的理论基础

一、医药制造业与医疗服务业耦合协调发展的理论溯源

改革开放 40 多年来，党和政府始终坚持在发展中保障和改善民生，全面推进病有所医、老有所养、弱有所扶目标的实现。医药制造业与医疗服务业的耦合协调发展是实现"健康中国 2030"、进一步改善人民生活和增进人民福祉的关键一步。耦合协调发展理论、演化经济学理论以及可持续发展理论为医药制造业与医疗服务业的耦合协调发展提供了理论指导作用。

1. "耦合协调发展"理论

耦合作为一个来源于物理学的概念，其释义重点在于两个或两个以上独立系统通过相互作用产生以物质为载体的能量运移与交换过程（宋长青等，2020）。从 1980 年发展至今，随着"坚持系统化思维整体推进"的发展观念不断深入人心，科学研究越来越强调多要素间内外相互作用、多过程上下相互联系以及内在机制的渗透联动，故拓展后的"耦合"被广泛运用于社会科学和人文科学等非物理学领域。

"协调发展"是"五大发展理念"之一。协调的内涵是正确处理组织内外各种关系，为组织正常运转创造良好的条件和环境，促进组织目标的实现。耦合协调发展理论的本质是强调促进系统内与系统间的要素作用方式，优化组织结构，使要素系统达到和谐一致发展，最终实现系统的高质量、可持续发展。两产业通过要素融合、结构优化，在循环积累因果效应作用下，两产业相辅相成，和谐一致发展，最终呈现螺旋式上升协调发展状态。耦合协调发展理论为解释两产业耦合协调发展演变特征提供了重要理论基础。

医药制造业与医疗服务业之间存在显著的耦合互馈关系。一方面，医药制造业作为高新技术产业，为医疗服务业提供高质量的医药供给与医疗

器械供给，对医疗服务业供给结构优化、医疗服务需求强度提升、医疗服务效率增长产生重要的重构调整效应；另一方面，医疗服务业高质量发展对医药制造业系统具有胁迫与反馈效应，对医药制造业建设、就业及医药制造业网络结构优化重组发挥着重要驱动反馈效应。医药制造业系统为医疗服务业发展提供了强大的驱动力和供给推力，医疗服务业的发展对医药制造业系统建设产生联动效应。医药制造业系统与医疗服务业系统相互作用、相互影响、彼此耦合协调共同发展。本研究通过分析医药制造业与医疗服务业耦合协调度意义，对比分析并评价不同时段、不同区域医药制造业与医疗服务业的适配程度及异质性，探究医疗服务业与医药制造业时空演变的本质规律，为不同发展时间段、不同区域的医药制造业优质发展、医疗服务业高质量建设提供有益借鉴和启示。

2. 演化经济学理论

演化经济学是主流经济学的一部分（Friedman，1998），它是受进化生物学启发的经济学思想，强调复杂的相互依赖性、竞争增长、结构变化和资源约束。演化经济学通过采用进化论方法，对互动中不同企业或产业主体的生产、贸易和增长行为进行经济转型的过程研究。

演化经济学的研究特点在于没有把选择对象的特征和决策者的特征固定化。相反，它的重点是研究有限理性行为者从内部改变经济的非平衡过程及其隐含含义。个体在经验与互动的过程中不断学习，由此产生差异，进而促成变化。

因而对医药制造业与医疗服务业两产业系统的演化研究内容可包括两个方面：一是研究产业变化发展过程，二是研究产业转型过程的规律性及其动因。其分析框架需具备三个特征：第一，研究某一变化中的系统运行状态，或者是解释系统为何以及如何达到目前这一状态的演化过程。第二，剥离产业系统的演化结果的不确定性干扰，关注其内在的因果性。第三，在相对较长时间内变量有着清晰的轨迹或模式，其变化具有一定的惯性。演化经济学理论为研究医药制造业与医疗服务业耦合协调发展的演化过程提供了理论支撑。

3. 可持续发展理论

可持续发展理论提出健康与经济、社会、环境等密切相关，两产业的耦合协调发展促进健康产业高质量发展，进而必然会给经济、社会、环境等各方面带来积极或消极影响。健康产业的可持续发展要求健康产业发展对环境影响最小化、人民健康和社会经济总体利益最大化。健康产业可持续发展强调以系统的、平等的、全球的、协调的方式发展健康产业。两产业耦合协调发展是健康产业可持续发展的重要路径之一。

二、医药制造业与医疗服务业耦合协调发展的前提条件

关联互补是两产业耦合协调发展的前提，市场需求对两产业耦合协调发展提出要求，医疗体系制度为两产业耦合协调发展提供保障，资源互联互通为两产业耦合协调发展提供基础，科技创新为两产业耦合提供支撑。

两产业在目标、要素与功能上存在很强的关联互补性是耦合协调发展的前提。具体来说，第一，目标一致。医药制造业与医疗服务业的发展目标均为提高居民健康水平。第二，功能互补。两产业处于健康产业链的上下游，高质量的医药产品供给直接提升医疗服务业的服务质量，而产业技术创新和"互联网+"技术将两产业优化组合达到整体功能最优，进而促进健康产业高质量发展。第三，要素关联。医药制造业与医疗服务业都对人力、设备、知识、技术等资源要素具有较高的要求。产业技术创新会带来新的创新产出效益和产业结构调整。而对医药制造业而言，各项资源在各产业中合理配置，能够促进医药制造业进行内部产业结构升级。同时，医药制造业升级会为产业技术创新提供原动力和基础条件，新的医药制造业产业结构又会对新知识和新技术产生更高的需求。这些资源要素推进两产业相互作用和相互影响。因此，两者在资源要素上存在关联。两产业在目标、要素与功能上存在关联互补性，两产业属于天然耦合协调关系。

市场需求对两产业耦合协调发展提出新要求。随着社会发展和人民生活水平的改善，国民的健康生活意识显著增强，加之人口老龄化问题日益严重和亚健康群体规模的扩大，居民的健康服务需求显著增加。居民的健康需求是推进两产业耦合协调发展的根本推动力量。两产业耦合协调发展对保护公民健康权益有着重大意义，一方面，慢性病和亚健康人数增加导致健康质量提升的需求增加；另一方面，随着老年人口占比越来越大，老年群体的医疗市场需求也在快速增长。两产业的耦合协调发展能进一步满

足国内日益增长的健康需求。

医疗体制引导、激励和促进两产业的耦合协调发展，为两产业耦合协调发展提供政策、法律保障。两产业的要素之间运转流通必须遵循系统规则，规则既对要素进行规范，也促进复合系统的实现。两产业的发展是动态的，是不断演变的，因此，耦合协调的过程需要对制度进行不断调整与修正。政府可以围绕耦合发展过程制定相关政策，如政府制定促进医药制造业研发的激励政策。完备且合理的法规体系不仅能够为产业发展指明方向，还能提高健康产业内资源配置效率，优化交易成本。

资源互联互通，通过畅通要素流通渠道实现产业资源效率的优化，为两产业耦合协调发展提供基础。两产业处于健康产业链的上下游，两产业要素之间存在强关联性，要素流通程度决定两产业之间相互作用、互相制约的内在联系机制，促进耦合协调发展水平不断提高。互联网医疗服务业发展壮大，相关服务企业（如丁香园）通过医疗机构处方信息、医保结算信息与药品零售消费信息互联互通、实时共享，畅通两产业要素流通渠道，提升两产业的资源利用率，为医药制造业与医疗服务业耦合协调发展奠定了基础。

技术创新将居民的健康需求转变为相关产业的产品供给，为两产业耦合协调发展提供了有力支撑。一方面，医药制造业通过对科研成果的变现，提高健康产品的附加值，实现产业的高质量发展。另一方面，信息科技的迅猛发展不仅加速了医药产品的流通效率，也实现了医疗服务"网络化"，健康大数据平台的兴起更是直接加速两产业的信息交流，畅通两产业要素流通渠道，增强两产业要素关联。

三、医药制造业与医疗服务业耦合协调发展的动因分析

1. 制造业和生产性服务业耦合协调发展的动力来源

已有文献围绕制造业和生产性服务业耦合协调发展的动力来源开展了丰富的研究。从现有研究来看，制造业与生产性服务业耦合协调发展的动力主要来源于分工协作、交易成本、价值链以及创新理论四个方面。

（1）分工协作。分工协作理论最初由亚当·斯密提出，他认为分工协作能够通过优化生产力、提升生产效率达到促进产业发展的效果。马克思在亚当·斯密的基础上进一步丰富了分工协作理论，他认为分工是协作的

前提，协作为分工的升级提供保障。马歇尔从规模报酬视角出发，将分工思想扩展到企业之间，论证在社会生产过程中，分工协作是经济组织碎片化生产模式或垂直一体化的原始动力。

具体来说，社会化协作及专业化分工会提高劳动方法和生产运作的专业化程度，通过知识累积效应将极大地释放生产组织的劳动效率、组织效率和个人效率，改变制造业与服务业的生产方式、加速生产力的快速发展，协作会深化两产业的关联，进而促进两产业耦合协调发展。在分工协作理论框架下，制造业的相关企业与生产性服务业的相关企业通过深化分工，提高自身技术与生产水平，再通过企业协作优化生产成本，达到共同提高劳动力生产效率的目的。

（2）交易成本。交易成本理论认为，最小化的交易成本是制造业和生产性服务业耦合协调发展的动力。

企业在生产过程中会不停地追求交易成本最低。为降低交易成本，理性的企业会选择将外部性强的业务外包。于是，制造业企业与生产性服务业企业通过业务合作产生产业联系，技术、资金、信息等的快速传播与流动，推进服务业标准化，有效提高服务质量和生产效益，使之适应日益增多的制造业中间需求，这又进一步推动了先进制造业与现代服务业之间的深度融合，从而逐渐形成一个动态反馈的内外循环系统。

（3）价值链。价值链理论由迈克尔·波特于 1985 年提出，该理论认为，制造业企业发展到一定阶段后，其在产品加工环节的竞争优势将逐渐弱化，其附加值和市场竞争力的提升只有借助现代生产性服务业的支撑才能进一步实现。由于服务业在提高制造业附加值过程中产生巨大拉力和贡献，扩大生产性服务占比能够推动制造业的发展及其附加值的提高，从而推动企业扩大生产经营规模，拓宽服务需求增长点，刺激创新，增强发展新动能。

（4）创新理论。20 世纪初，学者熊彼特（J. A. Schumpeter）首次明确提出了"创新理论"，他将创新定义为将一种前所未有的产业生产要素和生产条件的"新组合"引入生产体系。英国卡迪夫大学的 Cooke 教授首次提出了区域创新系统这一概念。区域创新系统的建立是一个循序渐进的过程，可分为创立时期、成长时期和成熟时期三个时期。创新理论强调区域创新能力正日益成为地区经济获取国际竞争优势的决定性因素和区域经济参与者竞争优势的重要标志。

创新理论认为，制造业通过创新，突破自身发展水平阈值，凭借创新技术、知识的外溢效应，拉动生产性服务业的发展，进而促进两产业的协调发展。

2. 医药制造业与医疗服务业耦合协调发展的动因分析

医药制造业与医疗服务业耦合协调发展是在产业内部驱动力、产业间相互作用力和产业外部影响力的共同作用促进下，最终实现两个产业融合、螺旋式上升的动态发展过程。因此，本研究基于上述理论，从需求分析视角出发，按照"产业内部—产业之间以及外部环境"的逻辑对医药制造业与医疗服务业耦合协调发展的动因做了进一步归纳：一是产业内部驱动力，居民健康效益最大化追求是根本动力，技术进步是直接推动力；二是产业间相互作用力，医药制造业与医疗服务业协同性是融合内动力，融合创新是支撑力，产业组织是组织调整力；三是产业外部影响力，消费者需求和市场需求是外部动力，政府政策是引导力。具体驱动力如下所述。

（1）产业内部驱动力。效益最大化追求是推进两产业耦合协调的根本动力。医药制造业与医疗服务业内相关企业、机构的最终目的是提高居民健康水平，基本目的是自身效益、利润最大化。相关企业、机构对居民健康效应最大化以及自身利益最大化的需求促使产业寻求新的方式和方法来提高产业经济利益。企业可以通过优化产业内部要素的投入和产业结构的调整等方式来提高要素利用效率，进而提升产业的经济效益。

融合创新通过改变医药制造业与医疗服务业原本的产业链方式，实现医药制造业与医疗服务业耦合协调发展，其是两产业耦合协调发展的支撑力。医药制造业与医疗服务业由于其互补性产业特征，在多变的市场需求的驱动下，要求提升，迫切需要通过融合创新推动产业协同与价值链重构。创新必然会打破产业内部要素的均衡，出现要素分配的失衡，催生产业内部的自我调节作用，推动产业新的平衡出现。当产业内部的自适应系统无法调整产业要素的均衡化发展时，必然会导致产业的外向延伸来寻求要素均衡。基于医药制造业与医疗服务业高度关联性，产业融合更容易在两个产业间进行。创新成本的降低和创新收益的提高是企业跨区域跨产业协同发展的动力。基于医药制造业与医疗服务业的产业特性，医药产品参与到医疗服务业生产中、渗透到医疗服务业产业链中，能够通过知识和技术转移实现产业融合。

（2）产业间相互作用力。医药制造业与医疗服务业的协同性推动了产业价值链的扩展，是医药制造业与医疗服务业耦合协调发展的融合内动力。资源的优化配置能够催动医药制造业与医疗服务业内部结构的变化，引起产业内部要素的重新组合，重新组合的要素配置引起产业要素的跨产业、跨行业交流。同时，医药制造业纵向价值链和医疗服务业产业横向价值链的交织，扩展了两个产业价值链的广度与宽度，能够提高产业效率，实现医药制造业与医疗服务业对效益最大化的追求。效益最大化追求的实现，能够反作用于价值链的延伸，促使产业内部的产业结构向着产业外部转移，促使产业进行进一步的产业结构优化和产业链的进一步调整和组合，通过价值链延伸实现产业融合。

产业组织通过调整医药制造业与医疗服务业的产业结构，进而产生"结构红利"，促进产业耦合协调的发展。医药制造业作为典型的知识依赖性和要素依赖性的高新技术产业，医药制造业内部的产业结构调整必然会引起知识要素的溢出，在产业发展的后续阶段引起医药制造业与医疗服务业耦合协调发展要素的跨行业流动，从而促进医药制造业与医疗服务业耦合协调发展。

（3）产业外部影响力。医药制造业与医疗服务业耦合协调发展的外部环境动力主要是来自产业外部的相关因素，即通过影响产业发展的外部环境引起产业的融合发展，医药制造业与医疗服务业耦合协调发展离不开产业发展大环境的支持。

技术进步和技术创新是医药制造业与医疗服务业耦合协调发展的直接推动力。第一，新技术的出现通过技术网络布局和技术渗透构建技术网络，然后通过要素的解构与重构，实现新的要素配置，从而实现技术融合、产品融合、市场融合，最终实现产业的融合。第二，新技术产生和创新扩散通过技术网络和技术渗透，模糊了两个产业间的产业边界，促使医药制造业产业链和医疗服务业产业链的价值模块进行交织和互相组合，通过价值链整合成新的组织业态。第三，技术创新可以通过革新产品或服务的生产过程，改变成本曲线和价值函数，降低产品成本。成本曲线和价值函数的改变影响医药制造业与医疗服务业的资源配置，形成医药制造业与医疗服务业耦合协调发展的技术基础。

消费者需求和市场需求是医药制造业与医疗服务业耦合协调发展最重要的外部原动力。消费市场的需求动力推动医药制造业与医疗服务业耦合协调发展是基于多变的消费需求推动了产业方向的转变，实现由产业资源拉动为主向产业联动为主的转变。第一，为迎合市场需求、保持自身发展与市场间的平衡，医药制造业与医疗服务业耦合协调发展的关联企业通过对产业资源的组合形式进行调整，以期满足市场需求。当新的产业要素组合形式出现导致产业内部要素短缺时，两产业耦合协调发展主体就会寻求产业外部要素进行产业内要素的补充，使原有的资源组合跨越原有的产业边界，打破产业壁垒，如此触发产业的跨界发展和融合现象的出现。第二，市场需求和消费者需求的提高和多样化，迫使医疗服务业产业发展策略转变。在"双循环"新发展格局、社会老龄化背景下，居民健康消费多元化、健康消费升级迫使医疗服务业转向新的经营模式。当新的经营模式跨越了产业原本的边界时，医药制造业与医疗服务业耦合协调发展价值链的价值模块进行重构，进而形成新经济增长点。

政府产业政策的实施为医药制造业与医疗服务业耦合协调发展指明产业发展方向。国家政策大环境是影响产业融合的重要因素。产业融合等相关政策的实施，一方面，可以通过引导市场主导配置资源，实现产业资源的宏观调整。因为要素配置黏性的存在，宏观政策的调整效用是一个缓慢作用的过程，要素在医药制造业与医疗服务业之间配置的变动，间接促进产业融合。另一方面，国家政策的导向必然会引起市场的变动。政府通过对医药制造业与医疗服务业进出规制进行调整，通过经济性和社会性规制，引导市场需求，直接影响产业的发展方向。积极的产业融合政策干预手段，能够有效缩短产业融合的时间，促使医药制造业与医疗服务业从分立到边界模糊再到产业融合。

医药制造业和医疗服务业的融合过程并不是内外分隔开的，而是一个相互作用的过程。从"产业内资源整合—产业间结构优化—外部功能融合"的动力归纳，医药制造业和医疗服务业通过资源要素的交换与重组、价值链的调整优化、创新创意和技术的扩散，推动医药制造业和医疗服务业的结构升级，促使产业要素在两个产业之间自由流动和相互渗透，由内至外地推动医药制造业和医疗服务业的融合。

四、医药制造业与医疗服务业耦合协调发展的特征

研究发现，医药制造业与医疗服务业的耦合协调发展具备阶段性、内生性、柔性、自组织性等特征。

（1）阶段性。与产业兴盛和低迷交替、产品生命周期概念类似，医药制造业与医疗服务业产生的耦合体系也受到重大公共突发事件（如新冠疫情）、医疗制度改革的推进程度、国内外宏观经济态势的变化和地区策略的变化等要素的影响。类似于生命周期中兴盛交替的变化过程，按照一般划分方法，两产业耦合体系的周期可划分为萌芽期、成长期、发展早期、发展中后期四个时期。

（2）内生性。在一个良性协调的耦合系统中，各要素相互影响促进、各自分工协作。企业在一个良好的行业发展环境中聚集，从而可以避免风险，减少生产和交易的投入。因此，两产业耦合协调发展本质上是由市场本身推动的，这是"自发扩张秩序"的耦合。

（3）柔性。柔性是指医药制造业与医疗服务业生产系统的柔性。两产业都具有显著的柔性特征。医药制造业与医疗服务业耦合，精准识别居民健康需求，直接应对不同层次居民健康需求，进行健康产品的"小批量多品种"的生产，提供针对性的健康服务及药品服务。这种系统内部的自适性转变，能够通过产业链上不同企业的加入与退出、系统内部产业群区域的缩小与扩大、产业链条的缩短与延伸来实现。

（4）自组织性。组织是指系统内部的有序结构或者此种结构产生的过程。产业耦合是在特定地区内的相对稳定组合状态，是利用产业链贯穿的，由两个产业在能量、信息及物质等领域实现交易的地区产业经济单元。产业耦合的发展是在市场制度影响下该体系的自组织行为。

第三节 医药制造业与医疗服务业
耦合协调发展的路径选择

本节对制造业与服务业耦合协调发展路径的基本理论进行梳理，再通过相关理论归纳总结出医药制造业与医疗服务业耦合协调发展路径。

一、制造业与服务业耦合协调发展的路径梳理

制造业与服务业耦合协调发展的理论有需求遵从理论、供给主导理论、产业融合理论，其对应的路径有需求主导路径、供给主导路径、互动融合路径。

1. 需求主导路径

需求遵从理论认为在经济发展过程中，服务业作为传输纽带或桥梁，通过知识、人力等资源与制造业建立关联，进而提高了产品附加值及竞争力，引发更为细化的专业分工，使企业的经济效率不再单纯依赖企业自身的生产能力，而是越来越与外包企业密切相关。需求主导路径的详细内容见图2-1。

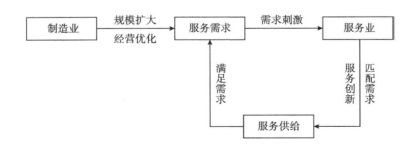

图2-1 制造业与服务业协调发展的需求主导路径

资料来源：周楠. 中国制造业与服务业协调发展研究 [D]. 中南财经政法大学，2019

2. 供给主导路径

与"需求遵从论"正好相反，"供给主导论"认为市场供给的服务种类与数量是决定制造业与服务业耦合协调发展程度的主要因素。服务业在其中属于主导产业，制造业的发展程度取决于服务业生产力水平。供给主导路径的详细内容见图 2-2（Eswaran 和 Kotwal，2002；Arnold 和 Mattoo，2006；孙晓华等，2014）。

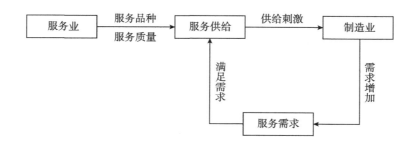

图 2-2　制造业与服务业协调发展的供给主导路径

资料来源：周楠. 中国制造业与服务业协调发展研究［D］. 中南财经政法大学，2019.

供给主导路径以服务业为起点，高质量的服务体系为制造业发展提供匹配的金融、法律、物流、信息等服务，为制造企业创造和谐稳健的外部成长环境。伴随着制造企业的不断发展，区域产业集群随之出现，对配套服务的需求快速增加，服务业供给能力不断提升以满足相关需求，从而推动制造业产业集群规模不断扩大。

3. 互动融合路径

无论是"需求主导"还是"供给主导"路径理论皆强调制造业与服务业协调发展的单一维度特征理念，缺乏对现存产业问题的综合全面考量。服务业是社会发展到一定阶段劳动分工细化的产物，制造业与服务业（尤其是生产性服务业）的关系往往表现出相融共生、唇齿相依的特征，而绝非单纯的分工协作关系。制造业与服务业在"互动发展"路径下，逐渐形成向上的、循环往复的、可持续的良性发展（Hansen，1990；郑吉昌和夏晴，2005），制造业与服务业协调发展的互动融合路径的详细内容见图 2-3。

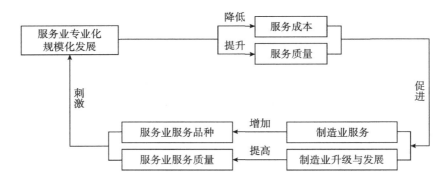

图 2-3 制造业与服务业协调发展的互动融合路径

资料来源：周楠. 中国制造业与服务业协调发展研究［D］. 中南财经政法大学，2019.

随着制造业与服务业互动发展阶段的不断推进，可能会出现"需求遵从"或与之相反的"供给主导"单一固化路径。从长远来看，二者融合的"互动发展"才是新时期社会发展的必然趋势，这种趋势体现在产业链条上下游之间、新老业态之间、企业组织之间，甚至在企业内部的各业务板块之间，最终出现以"投入—产出服务化"为内涵的制造业服务化和以"走向市场"为驱动的服务业产业化现象。

制造业服务化指制造企业从微笑曲线中较低价值的组装、制造等单纯的商品（与附属服务）供给环节，向更高价值的以"商品—服务外包"为产出形态的转型过程，其中服务外包是增加值的主要来源，包含了具有高附加值、高利润空间的研发设计、维护运行、营销、售后服务、品牌管理等环节。随着市场竞争日益激烈，不同厂商的产品差异性微乎其微，企业开始探索提升消费者满意度的新路径，企业开始纷纷通过增加外部服务增加值、加速核心产品重组，向价值链高位延伸，外部化趋势愈加凸显。

服务业产业化则是指服务部门以社会效益为目的、以经济效益为手段、以宏观政策为导向，整合配置产业发展要素，参与市场化供需交易的产业化经营过程。服务部门充分利用自身在技术、创新、品牌和营销等方面的相对优势，延伸制造环节，形成产业互补、产业互动的独立链条。服务业唯有达到社会认可的规模程度，完成从量的集合到质的激变，实现产业化、服务结构的需求专业化、多样化价值补偿和价值增值效应，才能真正促进国民经济业态的社会化、产业化发展。

二、医药制造业与医疗服务业耦合协调发展的具体路径

在前文对制造业与生产性服务业耦合协调发展路径进行梳理之后，本研究基于互动融合发展路径思路，进一步从"产业内资源整合—产业间结构优化—外部功能融合"的角度阐述医药制造业与医疗服务业耦合协调发展路径，具体途径见图2-4。

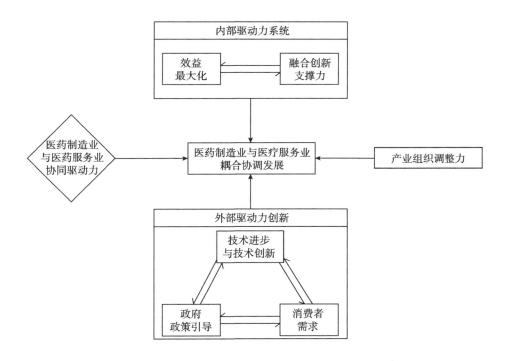

图2-4 医药制造业与医疗服务业耦合协调发展路径

资料来源：笔者自绘。

效益最大化与融合创新构成了医药制造业与医疗服务业耦合协调发展的内部驱动力系统。效益最大化与融合创新能够改善相关产业的资源配置效率，通过产业效率的提高和生产要素成本的降低加深两产业间的关联，进而加深两产业耦合协调发展。

医药制造业与医疗服务业协同驱动力与产业组织调整力主要源于产业间相似的要素需求和相通的产业发展形势而产生的相互作用力。通过相互吸引、相互作用，从而引起产业的相互渗透、相互延伸，优化产业结构，深化"医药制造业—医疗服务业"产业体系协调发展，形成功能嵌套、空间耦合、双向融合的产业态势。

国家政策的干预引导、技术进步与技术创新、消费者需求的促进，形成了医药制造业与医疗服务业耦合协调发展之外相关主体的交融合作与资源要素的协同联动，为医药制造业与医疗服务业耦合协调发展指明方向。

由"内"至"外"融合的动力路径则是通过消费者需求和市场需求、技术渗透、市场结构的调整和国家制度环境的优化，影响医药制造业和医疗服务业外部的相关产业要素，由外至内地来推动医药制造业和医疗服务业的融合。在内部作用力、外部作用力以及产业间竞争与合作驱动力的共同作用下，各个动力通过相互作用、调整与反馈，促使医药制造业和医疗服务业向区域动态平衡演进，最终构成医药制造业和医疗服务业的耦合协调发展路径。

第三章 医药制造业与医疗服务业综合发展水平的测度与分析

　　健康产业在国民经济中占重要地位，其发展程度代表一国发达水平，同时也是区分国别间民生幸福的重要指标之一。医药制造业、医疗服务业是我国健康支柱产业，两产业耦合协调发展有助于健康产业高质量发展。其中，医药制造业作为高新技术产业之一，既是我国科技制造业的重点，也关乎民生质量。

　　近年来，得益于健康中国战略的实施以及医疗卫生体制改革和数字化设施普及，我国医药制造业与医疗服务业发展水平得到大幅提升。那么，我国医药制造业与医疗服务业发展现状如何？两产业发展水平之间的差异及各自的空间分布如何？区域间发展差异如何？这些问题的准确回答是本研究后续测度医药制造业与医疗服务业耦合协调发展水平的基础。为探究我国医药制造业与医疗服务业发展的具体情况，本章主要从以下三个方面展开：一是结合医药制造业与医疗服务业发展内涵与特征，从四个维度构建医药制造业与医疗服务业综合发展水平评价指标体系；二是运用中国31个省（自治区、直辖市）2003—2019年的样本数据，采用熵权—TOPSIS法赋权后分别测度医药制造业与医疗服务业的综合发展水平；三是采用重心模型探究医药制造业与医疗服务业两产业的空间分布格局，然后运用Dagum基尼系数分解方法测度并分析两产业综合发展水平的区域差异，最后对两产业综合发展水平区域差异的收敛性进行检验。

第一节 医药制造业与医疗服务业
综合发展水平的测度

一、指标体系的构建与说明

1. 指标体系的构建原则

结合当前"双循环"新发展格局的要求和两产业特性，两产业发展水平综合评价指标体系的构建应遵循以下原则。

第一，全面性。从指标层面看，构建一套科学的指标体系，所选的每个指标要能够涵盖所有需要的信息数据和目标对象特征。具体指标能够将医药制造业与医疗服务业的所有特征涵盖在内，且指标不重不漏。

第二，独立性。指标之间相互独立，较少信息交叉与重叠。它要求分析计算指标之间的相关程度，剔除相关性高的指标。

第三，一致性。指标具有可量化、可比、可叠加的特点。它要求指标需要统一计算口径、计算方法，时间序列数据则需要统一时间维度。

第四，有效性。指标体系能够准确测度出有效的结果，能反映医药制造业与医疗服务业综合发展水平的现状。它要求指标体系能够区别以往的研究，适应相关产业的特性；并且指标体系要具有普适性，不习个别指标的变化而使测度结果受到重大影响。

2. 指标体系的构建思路

本研究归纳总结出制造业和生产性服务业发展水平评价体系，为后续的指标体系构建提供参考。作为表征产业协调发展程度的指标及指标体系也随着产业耦合协调发展概念的变化而变化，其呈现出从单一指标到多指标、从单一维度到多维度、从简单结构指数到复杂多元指数的变化特征。综观国内外产业发展水平综合评价指标体系，可以大致分为"综合评价思路""高质量发展思路"以及其他思路三大类。

（1）"综合评价思路"。即将制造业与生产性服务业协调发展特性纳入评价范围。产业协调发展以产业的要素资源调整、要素投入和产品产值在各产业间的发展水平为考察重点，协调指的是两研究对象之间综合发展水平比例的协调，是一种基于发展经济学理论的宏观研究视角。在这一研究视角下，产业协调发展的测度以评价相关产业综合发展水平为主，早期学者主要从相关产业内部出发，从发展规模、发展潜力、发展效率以及发展结构四个方面构建"规模—结构—效率—潜力"的综合评价指标体系。同时，制造业与生产性服务业的经济效益、社会效益也是它们的重要特征，因而相关产业的社会效应与经济效益评价应运而生，成为产业综合发展的新评价内容。如表3-1所示，在"综合评价思路"下，现有文献对其测度或以此处所列的单一指标来表示，或从不同维度、多个指标组合形成的指标体系来表示。可以看到大多数学者选择以"规模—潜力—社会—经济效益"为评价维度的综合评价指标体系。

表3-1　基于"综合评价思路"的制造业与生产性服务业综合发展水平评价指标体系

年份	作者	一级指标
2010	张沛东	规模指标、结构指标、成长指标、效率指标
2012	刘军跃、万侃、钟升、王敏	规模指标、结构指标、成长指标、效益指标
2013	刘军跃、李军锋	规模指标、结构指标、成长指标、效益指标
2013	杜传忠、王鑫、刘忠京	发展规模、发展结构、发展效率、发展潜力
2015	贺正楚、吴艳、陈一鸣	规模指标、潜力指标、创新指标、关联指标
2015	陈文新、韩春燕、郭凯	经济发展结构、资本积累、人力资本、金融支持力度、科技创新、经济外向性程度
2015	姚青	规模、投资、产能、就业、效率、成长、产值利润率
2016	弓宪文、王勇	投入水平、产出效率、发展规模、成长能力
2016	王必锋、赖志花	产业规模、生产竞争力、市场规模
2017	李英、刘广丹、赵越、杨扬	发展规模、发展结构、发展效率、发展潜力
2017	崔向林、罗芳	规模指标、效率指标、结构指标、成长指标
2017	毛艳华、胡斌	规模、结构、效率、发展潜力
2017	余沛	规模指标、结构指标、成长指标
2018	靖鲲鹏、张秀妮、宋之杰	发展规模、发展潜力、经营能力、产业贡献

年份	作者	一级指标
2018	唐晓华、张欣珏、李阳	产业规模、社会贡献、经济效益、成长潜力
2021	刘肖、金浩	产业规模、环境约束、经济效益、成长潜力
2021	胡绪华、陈默、罗雨森、陈业昕	产业规模、环境约束、经济效益、成长潜力
2021	余文文、田文达、洪晨翔	产业规模、社会贡献、经济效益、成长潜力

资料来源：笔者根据现有文献整理所得。

（2）"高质量发展思路"。"高质量发展思路"是指依据高质量发展要求构建制造业与生产性服务业发展水平的综合评价指标体系，其强调的是高质量发展的要求与内涵，这是一种基于中国经济发展现状的宏观视角。在这一研究视角下，产业耦合协调发展的核心要素是产品或产业高质量发展水平的评价。高质量发展思路下，产业综合发展赋予了更多含义，除产业规模这一旧特征外，还包括效率改善、质量提升、动能转化等新内容，相应地，高质量发展理念下的产业综合发展水平评价指标体系构建也包含以上新维度（孙畅，2020）。由于高质量发展理念下两产业的评价内涵更多，指标选取可能存在重复，从而使测度更难、计算更复杂。

（3）其他思路。主要有创新视角、供应链关联视角等。从不同角度出发，制造业与生产性服务业有众多特征，但其实质还是对产业综合发展水平的评价。因此相当一部分学者主要从企业创新要素配置、创新能力系统评价角度测度产业发展情况（杨蕙馨和田洪刚，2020；高鹏斌等，2020）。供应链理论认为制造业与生产性服务业形成供应链协同组织关系，因而通过构建两者的综合发展水平评价指标体系并进行测度的基础上，进而从供应链组织关系分析两者的耦合关系（刘振中，2021）。随着产业发展特征与内涵的丰富，对应的产业综合发展水平的测度方法以及评价指标体系的构建也逐渐多样化。

3. 各级指标的选取

本研究分别构建医药制造业和医疗服务业综合发展水平评价指标体系，通过厘清医药制造业和医疗服务业的概念与特性，然后吸纳了已有研究的经验，并整理和筛选衡量医药制造业与医疗服务业的综合发展水平相关指标。基于第二章两产业核心概念的内涵与边界,第一,为直观表现产业发展现状,选取产业规模维度构建综合发展水平指标体系。第二,两产业均为改善民生的支柱性产业,也是促进经济增长的重要产业。医药制造业的附加值高、成长性好、关联性强、带动性大的特点和医疗服务业的无形性、不可分离性的特点,决定经济效益与社会贡献必须纳入评价指标体系中。第三,基于医药制造业的高技术性以及医疗服务业对人员的高要求特性,产业潜力须纳入综合评价指标体系中。因此在指标体系构建中,考虑到测度结果将为后续两者的耦合协调发展的相关研究服务,因而均从四个维度构建两产业的综合发展水平评价指标体系,具体见表3-2。

表3-2 医药制造业与医疗服务业综合发展水平评价指标体系

子系统	一级指标	二级指标	指标解释	单位
医药制造业综合发展水平	产业规模	企业单位数	医药制造业企业总数	个
		固定资产投资额	医药制造业固定资产投资总和	亿元
		居民人均产值	医药制造业营业收入/总人口	元/人
	经济效益	就业人员平均劳动报酬	医药制造业城镇就业人员平均工资	千元
		医药企业利润	利润总额	亿元
	社会贡献	医药制造业就业福利	(医药制造业直接就业人数/总就业人数)×100	%
		医药制造业税收规模	医药制造业利税收入	亿元
	成长潜力	技术创新投入水平	R&D经费支出	亿元
		技术创新产出水平	专利申请数件+拥有发明专利数件	个
医疗服务业综合发展水平	产业规模	企业单位数	医疗卫生机构总数	个
		固定资产投资额	医疗卫生机构固定资产投资总和	亿元
		居民人均产值	医疗卫生机构总支出/总人口	元/人
	经济效益	就业人员平均劳动报酬	医疗服务业城镇就业人员平均工资	千元
		医疗服务企业利润	医院机构收入-医院机构支出	亿元
	社会贡献	医疗服务业就业福利	(医疗卫生机构卫生人员数/总就业人数)×100	%
		人均诊疗次数	医院诊疗次数/总人口	次
	成长潜力	技术创新增长率	(各省份医疗服务业当期年末卫生人员数/上一期年末卫生人员数-1)×100	%
		技术创新规模	每千人卫生技术人员数	人

资料来源:笔者自制。

（1）产业规模。产业规模是指产业的产出规模或经营规模，它是衡量企业当前发展水平最直接的指标。参考相关文献，基于数据的可获得性，本研究从企业的数量、投资比例以及生产能力三个方面选取指标来反映产业的整体规模，选取企业单位数、固定资产投资额以及人均产值三个二级指标。具体到医药制造业，由于其产值的数据只公布到 2011 年，因此选取主营业务收入代替产值，选取主营业务收入/总人口来衡量居民人均产值，另外选取企业总数衡量企业单位数、固定资产投资总和衡量固定资产投资额。而对医疗服务业，由于其产值的数据缺失，因而选取医疗卫生机构总支出/总人口数来衡量居民人均产值，另外选取医疗卫生机构总数衡量企业单位数、医疗卫生机构固定资产总和衡量固定资产投资额。

（2）经济效益。良好的经济效益是相关企业在行业内具备较强竞争力的直观表现，同时也是企业可持续发展的必要条件。借鉴相关文献，本研究选取就业人员平均劳动报酬及营业利润两个二级指标来衡量产业的经济效益。具体到医疗制造业，选取了医药制造业城镇就业人员平均工资来衡量就业人员平均劳动报酬、选取了医药制造业利润总额来衡量医药产业利润。而对医疗服务业，选取了医疗服务业城镇卫生人员的平均工资来衡量就业人员平均劳动报酬、选取了医疗机构收入-医疗机构支出来衡量医疗服务业产业利润。

（3）社会贡献。医药制造业与医疗服务业对居民健康水平产生直接影响，因此社会贡献是衡量两产业综合发展水平的重要维度。具体到医药制造业，选取了医药制造业就业人数占总就业人数比值来衡量医药制造业就业福利、选取了医药制造业利税收入来衡量医药制造业税收规模。而对医疗服务业，选取了医疗卫生机构卫生人员数占总就业人口比值来衡量医疗服务业就业福利、选取了医院诊疗次数/总人口来衡量医疗服务业对居民健康的贡献程度。

（4）成长潜力。成长潜力是某一产业在之后的发展阶段表现出来的成长性。医药制造业与医疗服务业对高技术人才的需求特性，要求在衡量两产业综合发展水平时，成长潜力必须作为一个重要的维度。具体到医药制造业，选取医药制造业 R&D 经费支出来衡量技术创新投入水平，选取专利申请数件+拥有发明专利数件来衡量技术创新产出水平。而对医疗服务业，选取了（各省份医疗服务业当期年末卫生人员数/上一期年末卫生人员数-1）×100 来衡量技术创新增长率、选取了每千人卫生技术人员数来衡量技术创新规模。

二、数据来源及区域划分

本研究参考国家统计局以及国务院发展研究中心提出的区划方法，分别从省域地区层面和中东西部三大区域层面分析医药制造业及医疗服务业的综合发展水平的时空变化，研究医药制造业与医疗服务业在不同省域及经济区域发展水平的时空演变趋势。

本书研究的时间范围为2003—2019年，各评价指标数据主要来源于历年《中国统计年鉴》《中国高科技统计年鉴》《卫生统计年鉴》。部分缺失数据通过移动平均数法进行插补，评价指标体系中的各指标数值均由原始数据计算得到。医药制造业与医疗服务业综合发展水平评价指标体系中的各指标数值描述性统计见表3-3。

表3-3　评价指标体系中各指标数值的描述性统计结果

名称	样本量	最小值	中位数	平均值	最大值	标准差
医药企业单位数	527	5	157	207	858	171
医药固定资产投资	527	0.051	27.994	52.049	403.116	65.742
医药人均产值	527	15.792	659.903	1035.733	7210.455	1096.007
医药就业人员报酬	527	6.537	34.441	40.409	175.548	28.036
医药利润总和	527	−5	25.822	53.803	486.173	76.906
医药就业福利	527	0.084	1.036	1.133	4.699	0.594
医药人均税收规模	527	2.200	40.920	71.763	575.272	85.049
医药技术创新投入规模	527	0.002	2.949	8.424	127.128	15.447
医药技术创新产出水平	527	2	362	924.087	10131	1455.504
医疗企业单位数	527	1305	18376	23617	85088	20725
医疗固定资产投资	527	0.429	16.875	21.345	85.017	16.767
医疗人均产值	527	0.093	1.155	1.518	11.991	1.442
医疗就业人员平均劳动报酬	527	10.862	44.087	51.854	218.507	33.978
医疗利润总和	527	−65.963	18.070	25.458	234.528	28.670
医疗就业福利	527	2.624	4.808	4.823	8.561	1.137
医疗人均诊疗次数	527	0.388	1.563	1.861	7.131	1.208
医疗技术创新增长率	527	−31.311	3.892	4.466	70.118	5.178
医疗技术创新规模	527	23.098	67.174	66.284	156.697	21.631

资料来源：笔者测算。

三、指标权重的确定

1. 现有指标体系赋权方法梳理

权重代表某一指标对整个评价指标体系的重要程度或贡献度。对指标体系中各指标赋权的方法很多，每种方法的侧重点不同，优缺点也不一样，并且选择不同的方法可能会导致不同的评价结果。因此，在对指标进行赋权时，要具体问题具体分析，根据目标对象的特征和评价指标体系的评价维度选择合适的赋权方法。表3-4整理了学者在相关研究中采用的指标赋权方法。

表3-4　指标赋权方法

方法类型	评价方法	内容	优点	缺点
主观赋权法	德尔菲法（专家打分法）	征询有关专家的意见，得出指标的定量评价结果	操作简单，对缺少数据的指标和定性指标同样适用	无法保证指标的一致性及客观性，无法判断指标间的内在联系
	层次分析法（AHP）	将与决策相关的元素分解成目标、准则、方案等层次，再进行定性和定量分析	排序合理性高，在一定程度上反映了实际情况	缺乏客观性科学依据，无法克服主观因素的影响
客观赋权法	熵权法	依据指标数据的分散度确定权重，得到客观的综合指标	客观赋权	仅依赖数据的离散性，具有一定局限性
	TOPSIS法	基于有限个评价对象与理想化目标的接近程度进行排序	对指标和样本数量无要求；适用于多目标决策分析	要有两个以上研究对象；不能完全反映各个实际方案的优劣
	模糊评判法	将定性问题转化为定量问题，即利用模糊数学解决对复杂系统作出总体评价的问题	对模糊性资料量化评价	计算复杂，指标权重主观性重，指标体系过大，容易造成评判失败
	灰色关联分析法	通过确定指标和评价结果的关联度选出相对重要的指标	计算量小，不会出现量化结果与定性指标分析结果不符的情况	衡量的是相对水平；有一定主观性

续表

方法类型	评价方法	内容	优点	缺点
组合赋权法	模糊神经网络法	综合了模糊方法和神经网络，兼有两者之长	容错强、并行运算、自适应、自学习	操作过于复杂，数学理论要求高
	AHP模糊综合评价法	层次分析和模糊理论相结合的评价方法	较好地反映出主观判断的模糊性，而且该方法相对较为简单、易操作	难以处理指标相关性
	熵权—TOPSIS法	熵权法与TOPSIS相结合的评价方法	客观赋权，对指标和样本数量无要求；适用于多目标决策分析	适合两个及以上研究对象

资料来源：笔者根据现有文献整理所得。

　　由表3-4可知，目前，综合指标的赋权方法有主观赋权法和客观赋权法两种。主客观权重的赋权依据不相同，主观赋权法由决策专家的主观判断而得，客观赋权法依据指标本身的数据属性，突出指标的区分度。组合赋权法，将不同理论基础的方法结合在一起确定指标体系的权重，避免了过于主观或者过于客观的极端情况，使评价结果更加合理。目前有学者将主客观权重组合赋权，这种方法虽然结合了两种评价方法的优点，但忽视了方法使用的依据，使赋权逻辑混乱，数据权重不易解释。在众多组合赋权法当中，熵权—TOPSIS法是较为常用的一种。

　　熵权—TOPSIS法兼具TOPSIS法、熵权法的优点，通过引入垂直距离测算法修正欧式距离计算法赋权的缺陷，从而使权重信息与评价更加准确。这种方法同时考虑了评价指标值的差异（现状）和增长程度（发展趋势和潜力），也能够反映数据曲线的位置关系和态势变化，还能够对比多个系统在某一时间段内不同时刻的发展水平和总体发展水平。因此，结合数据自身特性以及目前相关文献的主流做法，本研究选取熵权—TOPSIS法对医药制造业与医疗服务业综合发展水平评价指标体系中的各个指标进行赋权。

　　2. 熵权—TOPSIS法

　　熵权—TOPSIS分析法是依据指标的变异程度，先通过信息熵赋权，再对比各对象与最优方案间的差距，对指标对象进行评价排序。以医药制造业综合发展水平评价指标体系为例，医疗服务业进行相同操作，具体步骤如下。

步骤一：构建标准化评价指标矩阵 R。

假设医药制造业综合发展水平的原始评价指标矩阵为：

$$V = \begin{bmatrix} v_{11} & v_{12} & \cdots & v_{1n} \\ v_{21} & v_{22} & \cdots & v_{2n} \\ \vdots & \vdots & \ddots & \vdots \\ v_{m1} & v_{m2} & \cdots & v_{mn} \end{bmatrix} \tag{3.1}$$

式（3.1）中，V 为初始评价矩阵，v_{ij} 为第 i 个指标第 j 年的初始值，m 为评价指标数量，n 为评价年份数。

对评价指标数据进行标准化处理，以消除指标量纲和数量级的不同影响，见式（3.2）。

$$r_{ij} = \frac{v_{ij} - \min(v_{ij})}{\max(v_{ij}) - \min(v_{ij})} \tag{3.2}$$

式（3.2）中，r_{ij} 代表标准化数据，$\max(v_{ij})$、$\min(v_{ij})$ 代表不同年份、不同地区指标的最大值和最小值。

再将归一化后的数据代入医药制造业综合发展水平原始评价指标矩阵中得到标准化矩阵，见式（3.4）。

$$R = \begin{bmatrix} r_{11} & r_{12} & \cdots & r_{1n} \\ r_{21} & r_{22} & \cdots & r_{2n} \\ \vdots & \vdots & \ddots & \vdots \\ r_{m1} & r_{m2} & \cdots & r_{mn} \end{bmatrix} \tag{3.3}$$

式（3.3）中，R 为标准化后的评价矩阵，r_{ij} 为第 i 个指标第 j 年的标准化值；$i = 1, 2, \cdots, m$，m 为评价指标数；$j = 1, 2, \cdots, n$，n 为评价年份数。

步骤二：熵权法确定指标权重。构建熵权 w_i，见式（3.4）。

$$w_i = \frac{1 - H_i}{m - \sum_{i=1}^{w} H_i} \tag{3.4}$$

式（3.4）中，$H_i = -\frac{1}{\ln n} \sum_{j=1}^{n} f_{ij} \ln f_{ij}$ 代表信息熵，$f_{ij} = \dfrac{r_{ij}}{\sum_{j=1}^{n} r_{ij}}$ 代表指标的特

征比重。

构建加权规范化评价矩阵 Y，见式（3.5）。

$$
Y = \begin{bmatrix} y_{11} & y_{12} & \cdots & y_{1n} \\ y_{21} & y_{22} & \cdots & y_{2n} \\ \vdots & \vdots & \ddots & \vdots \\ y_{m1} & y_{m2} & \cdots & y_{mn} \end{bmatrix}
$$

$$
= \begin{bmatrix} r_{11} \cdot w_1 & r_{12} \cdot w_1 & \cdots & r_{1n} \cdot w_1 \\ r_{21} \cdot w_2 & v_{22} \cdot w_2 & \cdots & v_{2n} \cdot w_2 \\ \vdots & \vdots & \ddots & \vdots \\ r_{m1} \cdot w_m & r_{m2} \cdot w_m & \cdots & r_{mn} \cdot w_m \end{bmatrix} \tag{3.5}
$$

步骤三：正负理想解确定。

设 Y^+ 为评价数据中 i 指标在 j 年内的最大值，即最优理想解；Y^- 为评价的最小值，即负理想解，计算方法见式（3.6）和式（3.7）。

$$
Y^+ = \{\max_{1 \le i \le m} y_{ij} \mid i = 1, 2, \cdots, m\} = \{y_1^+, y_2^+, \cdots, y_m^+\} \tag{3.6}
$$

$$
Y^- = \{\min_{1 \le i \le m} y_{ij} \mid i = 1, 2, \cdots, m\} = \{y_1^-, y_2^-, \cdots, y_m^-\} \tag{3.7}
$$

步骤四：测度与理想解之间的距离。

$$
D_j^+ = \sqrt{\sum_{i=1}^{m} (y_i^+ - y_{ij})^2} \tag{3.8}
$$

$$
D_j^- = \sqrt{\sum_{i=1}^{m} (y_i^- - y_{ij})^2} \tag{3.9}
$$

采用欧式距离计算公式，各指标距离正理想解的欧式空间距离 D_j^+ 和负理想解的欧式空间距离 D_j^-，见式（3.8）和式（3.9）。

式（3.8）、式（3.9）中，y_{ij} 为第 i 个指标第 j 年加权后的规范化值，y_i^+、y_i^- 分别为第 i 个指标在 n 年取值中最偏好方案值和最不偏好方案值。

步骤五：计算各评价对象的综合发展水平评价指数，见式（3.10）。

$$
U_j = \frac{D_j}{D_j^+ + D_j^-} \tag{3.10}
$$

式（3.10）中，U_j 为第 j 年医药制造业综合发展水平，取值范围为 [0，1]，U_j 取值越大，代表越接近最优状态，医药制造业的发展水平越好。

本研究首先标准化处理出 2003—2019 年 31 个省（自治区、直辖市）医药制造业与医疗服务业综合发展水平评价指标体系的原始数据，并运用熵权—TOPSIS 对原始数据进行赋权后，得到了医药制造业与医疗服务业综合发展水平指数。

第二节　医药制造业与医疗服务业综合发展水平的时序特征分析

一、医药制造业与医疗服务业综合发展水平的时序特征

本研究将依据熵权—TOPSIS 法计算得到中国 2003—2019 年医药制造业与医疗服务业综合发展水平年平均值，绘制成趋势图，结果见图 3-1。

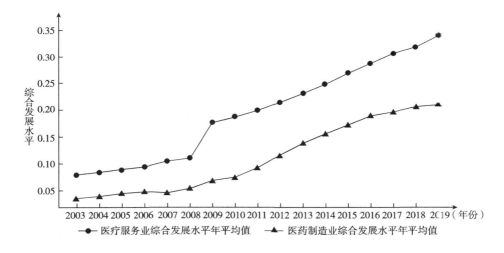

图 3-1　2003—2019 年医药制造业与医疗服务业综合发展水平年平均值趋势

从图 3-1 我们可以看到，全国医药制造业与医疗服务业的综合发展水平年平均值在 2003—2019 年均呈现明显的快速增长态势，并且医疗服务业综合发展水平在 2009 年出现突增。全国医药制造业与医疗服务业的平均综

合发展水平处在 0.036~0.339，说明尽管近年来两产业的综合发展水平得到快速增长，但整体综合发展水平仍较低，且两产业间的差距逐渐增大。

医疗服务业综合发展水平始终高于医药制造业，两产业综合发展差距变化分为"稳定—骤增缩小—波动增加"三个阶段，第一阶段为 2003—2008 年，两产业综合发展水平差距维持在 0.05 左右；第二阶段为 2009—2013 年，医疗服务业综合发展水平的突增导致两产业差距在 2009 年骤增，然后差距缓慢缩小；第三阶段为 2014—2019 年，两产业差距逐年波动增加。

综上所述，2003—2019 年我国医药制造业与医疗服务业综合发展水平保持快速增长趋势，但两产业综合发展水平仍处于较低水平，且两产业综合发展水平的差距呈现"稳定—突增—缩小—增加"的趋势。

二、省域医药制造业与医疗服务业综合发展水平时序特征

1. 省域医药制造业综合发展水平

近年来，我国医药制造业与医疗服务业发展迅猛，但是受当地经济发展水平等因素影响，不同区域内医药制造业的综合发展水平存在较大的差距，且伴随着相关产业政策的更替，区域内发展差距呈现不断加剧的态势（见表3-5）。

表3-5 2003—2019 年医药制造业综合发展水平

年份 省份	2003	2007	2009	2012	2015	2016	2019
安徽	0.020	0.029	0.053	0.096	0.159	0.184	0.223
北京	0.084	0.075	0.117	0.197	0.266	0.285	0.385
福建	0.017	0.022	0.032	0.050	0.076	0.088	0.119
甘肃	0.011	0.014	0.019	0.034	0.051	0.055	0.068
广东	0.054	0.076	0.105	0.204	0.322	0.338	0.429
广西	0.024	0.028	0.035	0.058	0.080	0.080	0.071
贵州	0.020	0.024	0.033	0.048	0.080	0.090	0.094
海南	0.033	0.024	0.040	0.066	0.096	0.105	0.169
河北	0.043	0.048	0.073	0.114	0.204	0.232	0.192

续表

年份 省份	2003	2007	2009	2012	2015	2016	2019
河南	0.030	0.062	0.092	0.142	0.222	0.272	0.256
黑龙江	0.031	0.032	0.052	0.076	0.082	0.086	0.077
湖北	0.039	0.048	0.067	0.131	0.205	0.220	0.249
湖南	0.022	0.034	0.058	0.094	0.159	0.169	0.183
吉林	0.048	0.065	0.106	0.178	0.269	0.296	0.200
江苏	0.067	0.108	0.185	0.362	0.538	0.644	0.813
江西	0.030	0.050	0.069	0.103	0.165	0.188	0.216
辽宁	0.024	0.044	0.065	0.095	0.099	0.077	0.103
内蒙古	0.013	0.020	0.028	0.062	0.075	0.074	0.057
宁夏	0.011	0.015	0.019	0.032	0.038	0.045	0.044
青海	0.012	0.014	0.015	0.030	0.037	0.035	0.038
山东	0.054	0.117	0.188	0.395	0.621	0.678	0.619
山西	0.017	0.018	0.023	0.035	0.054	0.058	0.060
陕西	0.036	0.032	0.038	0.063	0.103	0.119	0.123
上海	0.085	0.081	0.114	0.176	0.219	0.241	0.327
四川	0.036	0.056	0.073	0.143	0.236	0.245	0.313
天津	0.106	0.088	0.137	0.236	0.251	0.277	0.252
西藏	0.025	0.015	0.028	0.038	0.057	0.049	0.088
新疆	0.007	0.009	0.011	0.023	0.036	0.043	0.055
云南	0.019	0.022	0.031	0.059	0.087	0.083	0.098
浙江	0.072	0.091	0.148	0.213	0.302	0.338	0.412
重庆	0.018	0.026	0.043	0.066	0.121	0.142	0.152

资料来源：笔者测算。

鉴于篇幅限制，本章仅列举了 2003 年、2007 年、2009 年、2012 年、2015 年、2016 年及 2019 年医药制造业的综合发展水平数据。选定的这些年份，恰逢中国医疗改革的关键时期：2003 年非典型肺炎疫情促进了公共卫生体系的建设；2007 年新型农村合作医疗制度实现了全国范围内的覆盖；2009 年新一轮医疗改革方案正式实施；2012 年基本药物制度开始执行；

2015 年大病保险制度得到推广；2016 年分级诊疗制度加速推进；2019 年"健康中国行动"计划得到推进。

从时间趋势上来看，各地区医药制造业综合发展水平均呈现稳步增长态势。其中，2011—2013 年医药制造业得到了极大的发展。这与居民对医药产品的需求不断提高以及 2009 年国家实施新医改以后加大了对医药制造业发展的支持有关。但医药制造业发展速度的区域差异较大，其中青海、宁夏和内蒙古地区的医药制造业综合发展水平明显落后于其他省份，这可能与地方政府重视程度、支撑力度以及区域经济发展水平有关。

从地理分布上来看，医药制造业省域差异分布明显，发展态势良好的区域主要集中在广东、江苏以及浙江等沿海省份。这一空间分布的出现受到经济发展水平、政府支持力度、税收等多重因素的影响。在 2019 年，江苏、山东和广东是医药制造业大省，新疆、青海和宁夏是医药制造业发展最缓慢的三个省份。值得注意的是，医药制造业综合发展水平呈现"东—中—西"递减特征，大部分省份的医药制造业综合发展水平较为接近，但区域差异逐年增加。由此推测，医药制造业发展不平衡可能是制约其整体产业发展的原因之一。

2. 省域医疗服务业综合发展水平

鉴于篇幅限制，本章将 2003 年、2007 年、2009 年、2012 年、2015 年、2016 年及 2019 年医疗服务业的综合发展水平数据列于表 3-6 中。

表 3-6　2003—2019 年医疗服务业综合发展水平

年份 省份	2003	2007	2009	2012	2015	2016	2019
安徽	0.051	0.084	0.159	0.167	0.232	0.230	0.282
北京	0.169	0.248	0.295	0.415	0.532	0.565	0.673
福建	0.063	0.096	0.148	0.187	0.242	0.257	0.309
甘肃	0.056	0.078	0.124	0.140	0.188	0.210	0.235
广东	0.129	0.153	0.256	0.288	0.336	0.344	0.444
广西	0.059	0.081	0.161	0.192	0.240	0.263	0.302
贵州	0.046	0.053	0.113	0.142	0.192	0.214	0.265
海南	0.042	0.060	0.076	0.125	0.170	0.189	0.245

续表

年份\省份	2003	2007	2009	2012	2015	2016	2019
河北	0.083	0.121	0.310	0.304	0.336	0.350	0.384
河南	0.076	0.108	0.296	0.295	0.360	0.379	0.395
黑龙江	0.055	0.090	0.131	0.160	0.201	0.221	0.254
湖北	0.072	0.098	0.180	0.209	0.255	0.281	0.328
湖南	0.084	0.103	0.235	0.261	0.321	0.349	0.368
吉林	0.062	0.083	0.127	0.153	0.193	0.216	0.267
江苏	0.104	0.144	0.191	0.246	0.369	0.378	0.439
江西	0.091	0.078	0.158	0.186	0.218	0.227	0.276
辽宁	0.078	0.114	0.194	0.237	0.233	0.238	0.276
内蒙古	0.052	0.073	0.124	0.157	0.194	0.210	0.254
宁夏	0.051	0.070	0.090	0.131	0.183	0.205	0.264
青海	0.048	0.074	0.088	0.118	0.170	0.187	0.253
山东	0.098	0.120	0.270	0.307	0.383	0.406	0.442
山西	0.063	0.086	0.175	0.187	0.220	0.234	0.261
陕西	0.061	0.073	0.163	0.213	0.257	0.272	0.305
上海	0.166	0.203	0.256	0.347	0.420	0.453	0.578
四川	0.118	0.121	0.304	0.317	0.365	0.390	0.438
天津	0.105	0.141	0.173	0.259	0.329	0.349	0.423
西藏	0.062	0.089	0.089	0.096	0.174	0.196	0.235
新疆	0.076	0.087	0.113	0.160	0.211	0.223	0.273
云南	0.056	0.070	0.129	0.158	0.207	0.242	0.289
浙江	0.136	0.162	0.217	0.284	0.355	0.387	0.462
重庆	0.051	0.070	0.108	0.154	0.218	0.235	0.295

资料来源：笔者测算。

从时间趋势上来看，与医药制造业发展趋势相同，各地区医疗服务业的综合发展水平均呈现稳步增长态势。其中，2009—2013 年医疗服务业得到极大的发展。这与居民健康意识的提升以及人口老龄化的加剧促使居民对医疗服务的需求增加等原因有关。但区域医疗服务业发展速度的差距呈现逐年增长态势，2019 年区域差异程度达到最大。其中海南、西藏以及青海地区的医疗服务业发展水平明显落后于其他省份，这可能与当地的卫生资源配置、医疗服务水平以及区域发展水平等有关。

从地理分布上来看，虽然各地区医疗服务业综合发展水平存在差异，但并未呈现出明显的区域格局，发展态势良好的地域主要集中在北京、上海以及浙江等省份。这一空间分布的出现主要受到如城镇化水平、市场物价水平、人民生活水平的提高等因素的影响。2019年，北京、上海和浙江是医疗服务业综合发展水平最高的三个省份，西藏、甘肃和海南是医疗服务业综合发展水平最低的三个省份。医疗服务业综合发展水平也呈现"东—中—西"递减特征，整体区域差异逐年增加。

综上所述，省域医药制造业与医疗服务业综合发展水平在2003—2019年均呈现快速增长的态势。从发展阶段来看，两产业的快速发展阶段存在重叠期。在时间维度上，两产业综合发展水平存在相似的周期性。在空间维度上，两产业综合发展水平、发展态势相似的区域存在重叠，两产业空间分布存在一定程度的相似性。那么两产业整体空间布局是否相同？尽管省域数据能够较直观地反映两产业综合发展水平的时间演变特征以及地区差异特征，但并没能够定量反映出两产业综合发展水平的空间演变特征。

三、区域医药制造业与医疗服务业综合发展水平时序特征

不同省份医药制造业与医疗服务业发展水平有一定的差异，但由于空间范围相对较大，差异的主要原因不是很明显。因此，下文将各省份分为三个区域，从东部、中部、西部三大区域观察医药制造业与医疗服务业综合发展水平，结果见表3-7和表3-8。

表3-7　2003—2019年三大区域医药制造业综合发展水平

年份	东部	中部	西部
2003	0.058	0.029	0.019
2004	0.064	0.032	0.021
2005	0.075	0.035	0.023
2006	0.078	0.041	0.024
2007	0.070	0.042	0.023

年份	东部	中部	西部
2008	0.086	0.050	0.023
2009	0.109	0.065	0.031
2010	0.118	0.074	0.035
2011	0.151	0.089	0.042
2012	0.192	0.107	0.055
2013	0.223	0.130	0.065
2014	0.246	0.149	0.074
2015	0.272	0.164	0.083
2016	0.300	0.184	0.088
2017	0.317	0.182	0.090
2018	0.337	0.186	0.096
2019	0.347	0.183	0.100

资料来源：笔者测算。

表 3-7 显示了 2003—2019 年东部、中部、西部医药制造业综合发展水平的变化情况。从整体来看，2003—2019 年东部、中部、西部的医药制造业综合发展水平均呈线性增长态势。从区域分布来看，医药制造业综合发展水平呈现"东—中—西"递减的空间分布格局。东部地区的医药制造业综合发展水平指数从 2003 年的 0.058 增长至 2019 年的 0.347，在三大区域中处于最高水平。中部地区的医药制造业综合发展水平指数从 2003 年的 0.029 增长至 2019 年的 0.183，在三大区域中处于中间水平。西部地区的医药制造业综合发展水平指数从 2003 年的 0.019 增长至 2019 年的 0.100，在三大区域中处于最低水平。

表 3-8　2003—2019 年三大区域医疗服务业综合发展水平

年份	东部	中部	西部
2003	0.107	0.069	0.061
2004	0.114	0.072	0.064
2005	0.124	0.075	0.068

续表

年份	东部	中部	西部
2006	0. 133	0. 078	0. 069
2007	0. 142	0. 091	0. 078
2008	0. 153	0. 097	0. 083
2009	0. 217	0. 183	0. 134
2010	0. 231	0. 189	0. 142
2011	0. 250	0. 196	0. 153
2012	0. 273	0. 202	0. 165
2013	0. 292	0. 218	0. 182
2014	0. 313	0. 232	0. 196
2015	0. 337	0. 250	0. 217
2016	0. 356	0. 267	0. 237
2017	0. 382	0. 280	0. 255
2018	0. 398	0. 288	0. 268
2019	0. 425	0. 304	0. 284

资料来源：笔者测算。

表 3-8 显示了 2003—2019 年东部、中部、西部医疗服务业综合发展水平的变化情况。从整体来看，2003—2019 年东部、中部、西部的医疗服务业综合发展水平均呈线性增长态势，其中 2009 年，三大区域医疗服务业综合发展水平均出现明显的激增特征，这应该是得益于当年"新医改"的实施。从区域分布来看，医疗服务业综合发展水平也呈现"东—中—西"逐步递减的空间分布格局。东部地区的医疗服务业综合发展水平指数从2003 年的 0.107 增长至 2019 年的 0.425，在三大区域中处于最高水平。中部地区的医疗服务业综合发展水平指数从 2003 年的 0.069 增长至 2019 年的0.304，在三大区域中处于中间水平。西部地区的医疗服务业综合发展水平指数从 2003 年的 0.061 增长至 2019 年的 0.284，在三大区域中处于最低水平。

综上所述，两产业综合发展水平均存在发展水平偏低、区域间差异较大的特点，但医疗服务业综合发展水平略高于医药制造业。从时间发展趋势与三大区域分布来看，医药制造业与医疗服务业综合发展水平均存在相似性。

第三节　医药制造业与医疗服务业
综合发展水平的空间格局演变特征

为探究医药制造业与医疗服务业综合发展水平的空间分布格局以及空间演变趋势，检验两产业的整体空间分布是否相似，本节采用重心模型分别测度医药制造业综合发展水平的重心（以下简称医药制造业重心）与医疗服务业综合发展水平的重心（以下简称医疗服务业重心），并对其空间重心转移程度以及空间重叠性进行分析。

一、重心模型的原理

重心模型是探究研究对象在空间范围内空间分布及其演化规律的重要工具。重心是物理学中的概念，也称加权平均重心，表示物体各部分受重力影响形成合力的作用点。在产业发展过程中，各要素的重心会不断变化，客观反映区域发展过程中要素的分布差异、不均衡程度以及位移规律，并且定量描绘重心移动距离以及重心移动方向。具体步骤如下。

1. 重心模型

中国省域的地理坐标 (x_i, y_i)，该省属性值 m_i 的重心坐标为：

$$\bar{x} = \frac{\sum_{i}^{n} U_i x_i}{\sum_{i}^{n} U_i} \qquad (3.11)$$

$$\bar{y} = \frac{\sum_{i}^{n} U_i y_i}{\sum_{i}^{n} U_i} \qquad (3.12)$$

式（3.11）、式（3.12）中，$\bar{x}$、$\bar{y}$ 为省域考察要素的重心的坐标经度、纬度。U_i 为本章第二节中测度的医药制造业或医疗服务业综合发展水平。依据要素重心坐标 (x_i, y_i) 与省域重心坐标的偏离距离与方向，反映要素的空间演变态势。

2. 重心移动趋势

运用重心移动距离与方向来描绘医药制造业、医疗服务业综合发展水平的重心变动趋势。

（1）重心移动距离。假定 t 期要素重心坐标为 $(\bar{x}_t , \bar{y}_t)$，$t+1$ 期重心坐标为 $(\bar{x}_{t+1} , \bar{y}_{t+1})$，则 $t+1$ 期相对 t 期移动平面距离公式为：

$$D = C \times \sqrt{(\bar{x}_{t+1} - \bar{x}_t)^2 + (\bar{y}_{t+1} - \bar{y}_t)^2} \qquad (3.13)$$

式（3.13）中，t 代表时间，D 为重心位移变动的球面距离，采用欧氏距离的计算方法得到。C 为常数项，取值为 111.11，表示 1° 圆弧的长度，可以将空间地理的坐标转化为平面距离。

（2）重心移动方向。$t+1$ 期相对 t 期的移动夹角为 θ，则：

$$\theta = \arctan \frac{\bar{Y}_t - \bar{Y}_s}{X_t - X_s} \qquad (3.14)$$

式（3.14）中，θ 为空间重心位移的方向，根据四个象限划分标准分别为：第一象限是从正东到正北方向（0°，90°），第二象限是从正北到正西方向（90°，180°），第三象限是从正西到正南方向（-180°，-90°），第四象限是从正南到正东方向（-90°，0°），中心位移的方向是在正负 180° 之间。

3. 重心重叠模型

重心重叠模型由空间重叠性与变动一致性两部分组成。

（1）空间重叠性可以用同一年份医药制造业重心与医疗服务业重心之间的空间距离来表示，距离越远，重叠性越低，表示两产业重心的耦合性越低。反之，重叠性越高，耦合性越高。其计算方法见式（3.15）。

$$S = \left[(\bar{X}_z - \bar{X}_w) + (\bar{Y}_z - \bar{Y}_w) \right] \qquad (3.15)$$

式（3.15）中，$\bar{X}_z$、$\bar{Y}_z$ 分别表示医药制造业重心的经度值和纬度值，$\bar{X}_w$、$\bar{Y}_w$ 分别表示医疗服务业重心的经度值和纬度值。

（2）变动一致性可以用医药制造业重心和医疗服务业重心相对上一时间点产生位移的矢量交角来表示，用它的余弦值作为变动一致性指数 K。K 的取值范围是 [-1，1]。该值越大表示变动越一致，当 $K=1$ 时表示完全同向，当 $K=-1$ 时表示完全反向。设重心较上一个时间点经度和纬度的变化量分别为 ΔX 和 ΔY，根据余弦定理可得：

$$K=\cos\beta=\frac{\Delta X_z\Delta X_w+\Delta Y_z\Delta Y_w}{\left[\left(\Delta X_z^2+\Delta Y_z^2\right)\left(\Delta X_w^2+\Delta Y_w^2\right)\right]^{1/2}} \tag{3.16}$$

二、医药制造业与医疗服务业综合发展水平的空间重心演变分析

医药制造业与医疗服务业重心转移有一定的规律，其重心位置、位移及方向将用空间重心的转移来描述。两产业的空间转移情况见表 3-9。

表 3-9 2003—2019 年重心模型计算结果

年份	医药制造业				医疗服务业			
	经度	纬度	位移方向	位移程度	经度	纬度	位移方向	位移程度
2003	114.902	33.493	—	—	112.870	33.214	—	—
2004	114.983	33.498	1.513	8.984	112.976	33.307	0.850	15.633
2005	114.967	33.606	-0.147	12.094	113.067	33.278	-1.263	10.658
2006	115.076	33.374	-0.439	28.444	113.302	33.464	0.901	33.227
2007	115.237	33.384	1.510	17.950	113.080	33.532	-1.273	25.813
2008	115.495	33.539	1.029	33.493	113.306	33.546	1.509	25.116
2009	115.571	33.499	-1.079	9.575	113.030	33.262	0.770	43.955
2010	115.456	33.608	-0.812	17.620	113.010	33.265	-1.415	2.233
2011	115.696	33.629	1.483	26.756	112.962	33.211	0.731	7.979
2012	115.470	33.510	1.085	28.406	113.074	33.314	0.829	16.833
2013	115.333	33.440	1.099	17.138	112.972	33.297	1.412	11.474
2014	115.232	33.341	0.796	15.687	112.945	33.293	1.407	3.020
2015	115.173	33.179	0.350	19.130	112.774	33.236	1.251	20.040
2016	115.283	33.160	-1.402	12.396	112.674	33.212	1.336	11.484
2017	115.168	32.885	0.395	33.078	112.634	33.148	0.554	8.343
2018	114.993	32.781	1.033	22.636	112.599	33.203	-0.569	7.280
2019	114.896	32.542	0.387	28.667	112.621	33.145	-0.361	6.919

资料来源：笔者测算。

医药制造业重心变动方向为"东北—东南—东北"方向移动的态势，

其中重心向东和向北偏移幅度较大。2003—2019 年，我国医药制造业重心坐标位于 114°896′E～115°696′E、32°542′N～33°629′N，一直在河北省与安徽省境内移动。其中，2003—2007 年，医药制造业重心一直在河南省周口市内，2008—2019 年，医药制造业重心在安徽省阜阳市与河南省周口市、驻马店市波动。2003—2019 年，医药制造业的重心经度均值为 115.231，纬度均值为 33.322，重心均值处于河南省周口市沈丘县。医药制造业重心期初与期末的位置点变化不大，但在不断远离几何重心，并有不断向东北偏移的态势，说明医药制造业综合发展水平分布非均衡程度不断加剧。

从重心移动程度上来看，医药制造业重心主要往东北方向移动。在 2003—2019 年，我国医药制造业重心整体从东往北移动 105.668km，移动轨迹大致分为四个阶段：第一阶段（2003—2006 年），医药制造业重心由东往南移动 23.422km；第二阶段（2006—2008 年），医药制造业重心由东往北移动 50.035km；第三阶段（2008—2010 年），医药制造业重心由东往南移动 8.806km；第四阶段（2010—2019 年），医药制造业重心主要由东往北移动 133.792km，其中 2016 年朝东南移动 12.396km。

从重心移动速度上来看，在 2003—2019 年中，我国医药制造业重心移动速度呈现先快后慢的特征。第一阶段，医药制造业重心转移速度较小，为 7.807km/年；第二阶段，医药制造业重心由东北向东南方向移动，速度为 25.722km/年；第三阶段，医药制造业重心以 4.403km/年的速度由东南方向朝东北方向移动；第四阶段，医药制造业重心在不同的年份移动方向发生了改变，只有 2016 年为朝东南方向以 12.396km/年的速度移动，其他年份均向东北方向移动。

医药制造业重心移动方向与速度特征说明，在 2009 年和 2016 年前后，我国医药制造业空间格局有了相对较大的改变，其中 2016 年中央及地方政府出台了一系列新政策，尤其《深化医药卫生体制改革 2016 年重点工作任务》的出台，加速了整个医药行业的整合。

医药服务业重心变动方向呈现为"东南—东北"两个方向不断波动的态势，与医药制造业重心变动态势一致，均为重心向东和向北偏移幅度较大。在 2003—2019 年中，我国医疗服务业重心坐标介于 112°599′E～113°306′E、33°212′N～33°546′N，逐步南移。其中，2003—2019 年，医疗服务业重心一直在河南省内,医疗服务业的重心经度均值为 112.935,纬度均值为 33.290,位于河南省南阳市社旗县。总体来看,2003—2019 年医疗服务业重心在远离几何中心,分布不均衡程度加大。

医疗服务业重心转移方向均位于第一象限与第四象限,主要朝东南与东北方向移动。并且,医疗服务业重心更偏向于向东北方向移动。2003—2019 年,我国医疗服务业重心整体从东往南移动 28.709km。医疗服务业重心移动的时间轨迹与医疗体制改革的时间轨迹基本一致,大致分为四个阶段:第一阶段(2003—2005 年),医疗服务业重心在河南省南阳市方城县内波动;第二阶段(2006—2008 年),医疗服务业重心往东北方向移动,重心在河南省平顶山叶县内波动;第三阶段(2009—2019 年),医疗服务业重心往东北方向移动,重心在河南省南阳市方城县内波动。医疗服务业重心波动程度较小。

从医疗服务业重心移动速度上来看,2003—2019 年,我国医疗服务业重心移动速度最快为 2009 年 43.955km/年,最慢为 2010 年 2.233km/年。基于医疗服务业重心移动方向与速度特征分析,在 2009 年前后,我国区域医疗服务业空间格局有一个明显的改变,且分布不均衡程度加大。

两产业间的重心位置相比较,医疗服务业重心存在转移,逐步转移至与医药制造业的重心趋于一致。

首先,通过观察重心转移的经度,医疗制造业的重心经度与医药服务业的重心经度恰恰相似,呈现出先升后降的趋势。两产业的重心经度波动程度都相对较小,且 2019 年的经度位置都低于 2003 年,即都存在空间位置上的转移。对重心转移的纬度而言,两产业的重心纬度都表现出先升高后下降的状态,且波动程度都相对较小,但医药制造业重心纬度低于医疗服务业重心纬度。其次,医药制造业和医疗服务业重心经度均值分别为115.231 和 112.935,重心维度均值分别为 33.322 和 33.290。基于经纬度均值数据,2003—2019 年医药制造业的年平均重心在河南省周口市沈丘县附近,而医疗服务业的重心在河南省南阳市方城县附近。

医药制造业与医疗服务业空间转移重心期初与期末的位置点变化不大,但在 2009 年,两产业发展方向与距离均出现明显差异。观察 2003—2019 年两产业的产业位移程度发现,两产业在 2009 年前后位移均出现明显差异,且差异在逐渐缩小，到 2019 年两产业的位移差距基本看不出来，表明两产业变化过程慢慢趋于稳定。2003—2019 年两产业均在 2009 年出现空间方向转移的拐点。

对比医疗服务业重心位移波动，医药制造业重心位移波动程度相对更大，但其波动的范围是随波动的次数逐渐变小，呈现出震荡下行的变化，而医疗服务业受到 2009 年前后医改的影响，存在一次比较明显的位移幅度。因此，两产业重心存在空间转移方向与程度放缓且趋于协调发展的趋势。

三、医药制造业与医疗服务业综合发展水平的空间匹配度分析

空间重叠性是测度两产业的空间布局是否一致，变动一致性则反映两产业空间布局的变动方向是否一致。从表 3-10 可以看出，两产业的空间距离从 2003 年的 2.051km 增加到 2019 年的 2.354km，空间距离在 2km 左右浮动，说明两产业空间相似性保持一致。空间距离越大，证明重叠性越差，差距越大。具体来看，近 10 年来医药制造业重心与医疗服务业重心空间重叠性最好的年份是 2006 年，空间距离达 1.776km；最差的年份是 2011 年，空间距离为 2.765km。总体来看，近 17 年来全国医药制造业重心与医疗服务业重心在空间上的偏离程度呈先缩小后增大再缩小的趋势，表明两产业的重心趋于重叠，反映两产业在空间分布上存在相似性。

表 3-10　2003—2019 年空间重叠性与变动一致性测度结果

年份	重心空间距离（km）	变动一致性
2003	2.051	—
2004	2.016	0.788
2005	1.928	−0.439
2006	1.776	−0.229
2007	2.162	−0.936
2008	2.190	0.887
2009	2.552	−0.274
2010	2.470	0.823
2011	2.765	−0.730
2012	2.404	−0.967

年份	重心空间距离（km）	变动一致性
2013	2.365	0.951
2014	2.287	0.819
2015	2.399	0.621
2016	2.610	-0.920
2017	2.548	0.987
2018	2.431	0.032
2019	2.354	0.733

资料来源：笔者测算。

医药制造业重心与医疗服务业重心的变动一致性多数年份数值为正，两产业主要都向北移动，两产业重心变动方向一致。

综上所述，两产业重心变动方向都多为正，且重心间差距在 2km 左右波动，表明二者在空间分布上具有相似性、空间变动上存在一致性。空间分布的重叠性进一步验证了省域两产业发展水平在空间分布上可能相似的猜想。

第四节　医药制造业与医疗服务业
发展水平的区域差异及分解

上文在对两产业综合发展水平测度的基础上，从时间与空间两个维度分别对两产业综合发展水平的变化情况进行了分析，结果发现两产业综合发展水平均不高，且存在空间发展不均衡的问题。接下来，本节采用 Dagum 基尼系数分解方法对两产业综合发展水平的区域差异程度进行测度，并进一步分析形成差异的原因。

一、Dagum 基尼系数分解方法

通过医药制造业与医疗服务业综合发展水平的时空演变分析可以看出，两产业在发展态势与空间分布上存在一致性，但均存在空间发展不均衡的问题。下面采用 Dagum 基尼系数方法测度两产业区域不均衡程度。

目前，测度区域差异的方法有泰尔指数、Dagum 基尼系数以及变异系数等。泰尔指数具有分布不对称、小样本、异方差等缺点，而 Dagum 基尼系数可以有效地弥补这些不足，进一步解决样本的交叉重叠问题。因此，本研究采用 Dagum 基尼系数，将 31 个省份划分为东部、中部、西部三大区域。

$$G = G_w + G_{nb} + G_i \tag{3.17}$$

$$G = \frac{\sum_{j=1}^{k} \sum_{h=1}^{k} \sum_{i=1}^{n_j} \sum_{r=1}^{n_i} |y_{ji} - y_{hr}|}{2n^2 \mu} \tag{3.18}$$

式（3.17）中，G 代表总体基尼系数。式（3.18）中，n 代表总体研究对象的总个数，$n=31$；k 为划分区域数，$k=3$；$y_{hr}(y_{ji})$ 为 $h(j)$ 区域内 $r(i)$ 省份的医药制造业与医疗服务业综合发展水平；$n_h(n_j)$ 为 $h(j)$ 区域内省份个数；μ 为医药制造业与医疗服务业综合发展水平的平均值。

$$G_{jj} = \frac{\sum_{i=1}^{n_j} \sum_{r=1}^{n_b} |y_{ji} - y_{hr}|}{2\mu_j n_j^2} \tag{3.19}$$

$$G_w = \sum_{j=1}^{k} G_{ij} p_j s_j \tag{3.20}$$

式（3.19）和式（3.20）中，G_{jj}、G_w 分别为区域 j 内部的医药制造业和医疗服务业综合发展水平的差距、区域内差距的贡献。

$$p_j = \frac{n_j}{n} \tag{3.21}$$

$$s_j = \frac{n_j \mu_j}{n\mu} \tag{3.22}$$

$$G_{jk} = \frac{1}{n_j n_h (\mu_j + \mu_h)} \sum_{i=1}^{n_j} \sum_{r=1}^{n_h} |y_{ji} - y_{hr}| \tag{3.23}$$

$$G_{nb} = \sum_{j=2}^{k} \sum_{h=1}^{k} G_{jh} (p_j s_h + p_h s_j) D_{jh} (p_j s_h + p_h s_j)(1 - D_{jh}) \tag{3.24}$$

式（3.23）和式（3.24）中，G_{jk}、G_{nb} 分别为区域 j 和 h 之间的医药制造业与医疗服务业综合发展水平的差距、区域间差距的贡献。

$$G_t = \sum_{j=2}^{k} \sum_{h=1}^{j-1} G_{jh}(p_j s_h + p_h s_j)(1 - D_{jh}) \tag{3.25}$$

式（3.25）中，G_t 为超变密度的贡献，超变密度是划分分子群体时，由于交叉项存在对总体差距产生的影响贡献。

$$D_{jh} = \frac{d_{jh} - p_{jh}}{d_{jh} + p_{jh}} \tag{3.26}$$

$$d_{jh} = \int_0^{\infty} dF_j(y) \int_0^y (y - x) dF_h(x) \tag{3.27}$$

式（3.26）和式（3.27）中，D_{jh} 为第 j、h 类型地区中所有 $y_{ji} > y_{hr}$ 的样本值的数学期望，$F_h(x)$ 为第 h 类型地区累计分布函数。

$$p_{jh} = \int_0^{\infty} dF_h(y) \int_0^y (y - x) dF_j(y) \tag{3.28}$$

式（3.28）中，p_{jh} 为 j、h 类型地区 $y_{hr} > y_{ji}$ 的医药制造业与医疗服务业综合发展水平的数学期望，$F_j(y)$ 为第 j 类型地区的累计分布函数。

二、医药制造业综合发展水平区域差异及分解

采用上述 Dagum 基尼系数及其分解方法将我国 31 个省份 2003—2019 年医药制造业综合发展水平的区域差异进行分解，运用 R4.1.1 软件测算，结果见表 3-11。

表 3-11　2003—2019 年医药制造业综合发展水平的 Dagum 基尼系数分解

年份	总体	区域内差异			区域间差异			贡献率（%）		
		中部	东部	西部	东—中	中—西	东—西	区域内	区域间	超变密度
2003	0.363	0.181	0.260	0.265	0.375	0.285	0.521	23.339	69.395	7.266
2004	0.361	0.174	0.258	0.249	0.382	0.267	0.521	22.987	70.653	6.360
2005	0.374	0.180	0.250	0.273	0.395	0.287	0.542	22.312	71.882	5.806
2006	0.365	0.209	0.238	0.252	0.357	0.322	0.540	21.985	71.913	6.102
2007	0.361	0.210	0.245	0.258	0.332	0.352	0.529	22.633	68.354	9.014
2008	0.381	0.204	0.272	0.269	0.341	0.379	0.559	22.878	69.147	7.976
2009	0.382	0.202	0.264	0.260	0.335	0.394	0.568	22.196	70.402	7.403
2010	0.365	0.205	0.249	0.247	0.310	0.389	0.548	22.107	70.232	7.662
2011	0.391	0.210	0.280	0.273	0.343	0.397	0.576	22.862	69.807	7.330

续表

年份	总体	区域内差异			区域间差异			贡献率（%）		
		中部	东部	西部	东—中	中—西	东—西	区域内	区域间	超变密度
2012	0.401	0.211	0.307	0.264	0.368	0.385	0.576	23.653	67.931	8.416
2013	0.395	0.220	0.311	0.248	0.357	0.383	0.565	23.961	67.486	8.553
2014	0.394	0.226	0.313	0.273	0.347	0.399	0.558	24.560	65.515	9.925
2015	0.402	0.224	0.328	0.306	0.355	0.403	0.558	25.421	63.644	10.935
2016	0.414	0.234	0.340	0.315	0.361	0.420	0.574	25.511	63.168	11.321
2017	0.419	0.208	0.340	0.329	0.371	0.417	0.584	25.217	64.662	10.120
2018	0.417	0.204	0.337	0.316	0.377	0.404	0.580	25.061	65.477	9.461
2019	0.419	0.202	0.329	0.331	0.388	0.401	0.580	24.873	65.290	9.837

资料来源：笔者测算。

表3-11给出了医药制造业综合发展水平 Dagum 基尼系数变化趋势。表中显示，医药制造业综合发展水平总体空间差异较大，总体基尼系数介于 0.361~0.419，均值为 0.388。医药制造业综合发展水平总体差距呈现"波动增长"的变动趋势，具体分为三个阶段：第一阶段为 2003—2007 年，其间总体差异在 0.365 左右波动。第二阶段为 2008—2010 年，其间总体差异在 0.375 左右波动。第三阶段为 2011—2019 年，医药制造业综合发展水平基尼系数由 0.391 波动上升至 0.419，上升了 0.028，升幅为 7.161%，我国医药制造业综合发展水平总体差异呈现增长态势。

具体差异包括以下三个方面。

（1）区域内差异。如图 3-2 所示，2003—2007 年，医药制造业综合发展水平的差异表现为"西部>东部>中部"，2008—2019 年表现为"东部>西部>中部"。2003—2019 年，我国中部地区的医药制造业综合发展水平差异一直是三大区域内最小的。在 2003—2007 年中，西部地区差异一直高于东部地区差异，两区域间差异呈现先增大后缩小的阶段性特征。2008—2019 年，东部地区差异高于西部地区，两区域内差异呈现先增大后缩小的阶段性特征。综上所述，我国东部、中部医药制造业综合发展水平差异呈现下降趋势，西部医药制造业综合发展水平差异呈现上升趋势，说明高技术产业发展政策正稳步推进，东部、中部区域内差异正逐渐下降，西部区域内差异正逐渐上升。

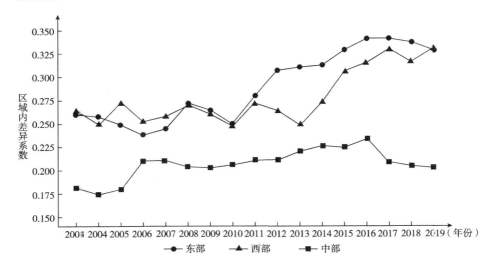

图 3—2 2003—2019 年三大区域内医药制造业综合发展水平区域内差异

资料来源：笔者测算。

（2）区域间差异。我国医药制造业综合发展水平中部、东部、西部间的差距历年保持稳定，并呈现上升趋势。从区域差异的变化趋势来看，东部与西部省域医药制造业综合发展水平差距最大。

（3）区域内与区域间差距的贡献率。区域内差异、区域间差异和超变密度贡献率均值为 23.621%、67.939% 和 8.440%，区域内差距和超变密度贡献率明显低于区域间差异贡献率，所以区域间差异是造成医药制造业综合发展水平空间差异的主要原因。

三、医疗服务业综合发展水平区域差异及分解

表 3-12 显示，我国医疗服务业综合发展水平总体空间差异较大，总体基尼系数介于 0.158~0.234，均值为 0.199。2003—2019 年，我国医疗服务业综合发展水平总体差距呈现"缓慢增加—波动—缓慢降低"的变动趋势，具体分为三个阶段：第一阶段，2003—2006 年总体差异缓慢增加，总体基尼系数由 2003 年的 0.221 增加至 2006 年的 0.234，增幅达 5.882%。第二阶段，2007—2009 年总体差异呈现波动上升趋势，总体基尼系数由 0.205 上升至 0.222，上涨了 0.017，涨幅为 8.293%。第三阶段，2010—2019 年总

体基尼系数由 0.211 下降至 0.158，下降了 0.053，降幅为 25.118%，从 2010 年开始，我国医疗服务业综合发展水平总体差异逐年下降。

表3-12　2003—2019 年医疗服务业综合发展水平的 Dagum 基尼系数分解

年份	总体	区域内差异			区域间差异			贡献率（%）		
		中部	东部	西部	东一中	中一西	东一西	区域内	区域间	超变密度
2003	0.221	0.108	0.205	0.135	0.254	0.145	0.308	25.532	59.354	15.114
2004	0.224	0.109	0.204	0.132	0.261	0.140	0.315	25.143	61.888	12.969
2005	0.227	0.100	0.197	0.130	0.278	0.130	0.322	24.108	64.296	11.596
2006	0.234	0.088	0.208	0.121	0.289	0.126	0.339	23.551	66.735	9.714
2007	0.205	0.061	0.187	0.099	0.245	0.112	0.308	22.875	69.071	8.053
2008	0.217	0.093	0.208	0.095	0.257	0.128	0.316	23.892	66.861	9.247
2009	0.222	0.153	0.171	0.192	0.191	0.228	0.299	26.597	49.646	23.757
2010	0.211	0.146	0.160	0.180	0.188	0.210	0.286	26.373	52.635	20.992
2011	0.207	0.156	0.156	0.167	0.194	0.198	0.279	26.230	55.066	18.704
2012	0.200	0.125	0.148	0.163	0.197	0.173	0.280	25.372	58.744	15.884
2013	0.193	0.123	0.151	0.150	0.195	0.163	0.267	25.707	57.740	16.553
2014	0.189	0.117	0.153	0.144	0.195	0.153	0.261	25.876	57.851	16.273
2015	0.176	0.118	0.151	0.113	0.193	0.133	0.244	25.536	58.977	15.487
2016	0.168	0.114	0.153	0.104	0.188	0.123	0.228	26.187	57.024	16.789
2017	0.165	0.111	0.153	0.099	0.193	0.117	0.224	26.058	57.701	16.242
2018	0.158	0.098	0.156	0.080	0.194	0.098	0.218	25.583	59.310	15.107
2019	0.158	0.088	0.154	0.085	0.195	0.095	0.219	25.477	60.592	13.931

资料来源：笔者测算。

具体差异包括以下三个方面：

（1）区域内差异。如图3-3所示，从 2003—2016 年，我国医疗服务业综合发展水平东部、中部、西部三大区域内各地区差异均呈现先上升后降低的发展态势。2003—2008 年，东部>西部>中部，2009—2013 年，西部>东部>中部，2014—2015 年，东部>西部>中部，2016—2019 年，东部>中部>西部。综上所述，我国西部、中部区域医疗服务业综合发展水平差异呈现下降趋势，说明伴随我国医疗体制改革、健康中国等相关战略的稳步推进，西部、中部医疗服务业发展区域差距虽存在，但差距在缩小。我国东部地区的医疗服务业综合发展水平在 2018—2019 年出现区域内不平等的现象。

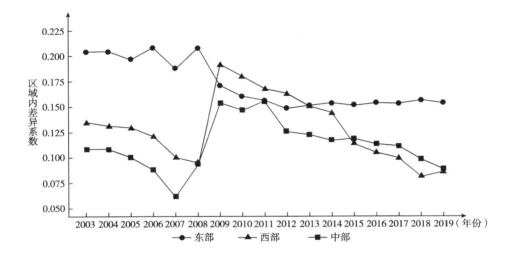

图 3-3 2003—2019 年三大区域内医疗服务业综合发展水平区域内差异

资料来源：笔者测算。

（2）区域间差异。如表 3-12 所示，医疗服务业综合发展水平的区域间差异呈现平稳波动下降态势。从区域差异的变化趋势来看，东部—西部地区间的差距始终处于最大，数值范围介于 0.218～0.339，在 2006 年时达到最大值。而对于东部—中部和中部—西部地区间而言，它们差异的变化相互交错。2008—2011 年东部—中部地区间的差距处于最小，但呈波动上升态势。其余年份，中部—西部地区间差异取代东部—中部成为最低。

（3）区域内与区域间差距的贡献率。区域内医疗服务业综合发展水平分布差距贡献率在 25.300% 左右，说明医疗服务业保持稳定的空间分布。区域间医疗服务业综合发展水平分布呈现"上升—下降—上升"的趋势，变动较明显，超变密度呈现"下降—上升—下降"的趋势。区域内差异、区域间差异和超变密度贡献率均值为 25.300%、59.617% 与 15.083%，区域间差异贡献率高于区域内医疗服务业综合发展水平差距贡献率和超变密度贡献率，这是造成医疗服务业综合发展水平空间差异的主要原因。

综上所述，医药制造业综合发展水平与医疗服务业综合发展水平均存在不平等的问题，其中医药制造业的总体不平等程度高于医疗服务业。区域间差异是医药制造业、医疗服务业综合发展水平区域差距的主要原因。

四、医药制造业与医疗服务业综合发展水平的收敛分析

上文分析显示，我国医药制造业、医疗服务业的综合发展水平存在区域间、省域间差异，但差异总体呈缩小态势，为进一步验证这一结论，下面对两产业的综合发展水平进行收敛性分析。

σ 收敛是对收敛概念的最直观理解。σ 收敛检验的是区域差异是否存在随时间增长而降低的趋势。存在 σ 收敛表明研究对象的区域差异有减小的趋势。产业的高质量发展不仅依赖于产业综合发展水平的整体提高，更依赖于区域间不平等的缩小。本研究借鉴林光平等（2006）相关研究，运用 σ 收敛分别对两产业综合发展水平的收敛性进行考察。

大多数研究主要采用变异系数测度 σ 收敛并以此判断是否收敛，本研究以医药制造业综合发展水平为例，具体公式为：

$$\sigma = \frac{\sqrt{\sum_{i=1}^{N_j} (F_{ij} - \overline{F_{ij}})^2 / N}}{\overline{F_{ij}}} \qquad (3.29)$$

式（3.29）中，j 为分区，i 为分区内省份（$i = 1, 2, 3, \cdots, 31$），N_j 为各分区内个数；F_{ij} 为 j 分区医药制造业综合发展水平；$\overline{F_{ij}}$ 为 j 分区医药制造业综合发展水平的平均值。若 σ 系数随时间不断减小，则说明医药制造业综合发展水平存在 σ 收敛。

根据 σ 收敛检验方法，全国及各地区医药制造业综合发展水平的收敛系数见图 3-4。从全国层面来看，2017 年前 σ 收敛系数呈现波动上升态势，

在 2017 年后出现缓慢下降态势，这表明全国范围内医药制造业综合发展水平存在 σ 收敛。东部、中部地区的 σ 收敛系数在 2016 年之前保持平稳增长趋势，但从 2016—2019 年出现平稳下降趋势，这表明东部、中部地区医药制造业综合发展水平存在 σ 收敛。西部地区 σ 收敛系数则是整体波动上升趋势，不存在 σ 收敛。

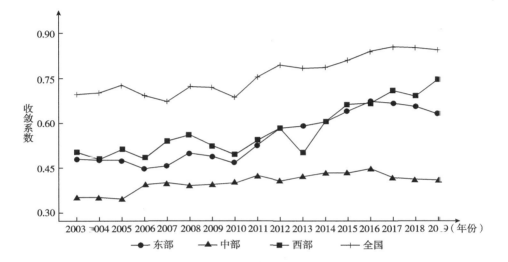

图 3—4　2003—2019 年三大区域内医药制造业综合发展水平收敛系数

资料来源：笔者测算。

全国各地区医疗服务业综合发展水平的收敛系数见图 3-5。全国收敛系数在 2007 年后出现下降趋势，这表明全国医疗服务业综合发展水平在 2007 年后出现 σ 收敛。东部、中部以及西部区域收敛系数变化趋同，呈现为"波动增长—波动—缓慢下降"的变化趋势。这表明东部、中部以及西部医疗服务业综合发展水平地区差距呈现先变大后变小的趋势，并且它们的综合发展水平都存在 σ 收敛。医疗服务业综合发展水平全国、东部、中部及西部均存在 σ 收敛。

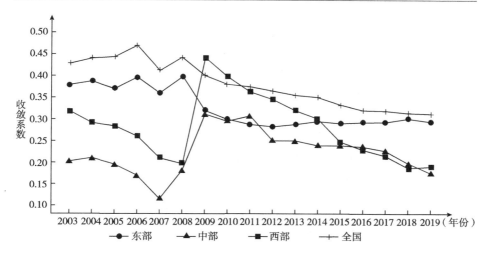

图 3-5 2003—2019 年三大区域内医疗服务业综合发展水平收敛系数

资料来源：笔者测算。

第五节 本章小结

本章在遵循全面性、独立性、一致性与有效性等原则上，基于我国 31 个省份 2003—2019 年的样本数据，并根据成长潜力、社会贡献、经济效益、产业规模四个维度选取具体的指标，分别构建了反映医药制造业综合发展水平与医疗服务业综合发展水平的评价指标体系，并采用熵权—TOPSIS 法测算两产业综合发展水平。在此基础上，首先从时间、空间维度对测度结果进行定性分析，然后运用重心模型定量描绘两产业综合发展水平的空间分布特征；其次采用 Dagum 基尼系数分解方法测算两产业综合发展水平的空间非均衡程度；最后对两产业综合发展水平不平等的收敛趋势进行分析。研究结论如下。

（1）通过对 2003—2019 年中国医药制造业综合发展水平与医疗服务业综合发展水平的测算，从总体来看，两产业综合发展水平指数均呈逐年提高态势，且医药制造业发展水平滞后于医疗服务业；从省域层面来看，医药制造业与医疗服务业的综合发展水平均呈现明显的不平衡的分布特征，并且局部分布存在相同性；从区域层面来看，两产业综合发展水平均保持"东—中—西"递减的分布格局，且区域差异有扩大趋势。医药制造业与医疗服务业综合发展水平均不高，在时间维度保持相似的发展步伐，在空间维度上局部分布存在相似特征。

（2）由重心模型分析可以发现，通过对相关产业重心位置变动的对比验证了医药制造业、医疗服务业综合发展水平空间非均衡分布特征。通过对比两产业综合发展水平的重心位置、重心位移以及方向，发现医疗制造业重心有转移，而医疗服务业重心基本保持不变，医药制造业与医疗服务业空间重心逐渐趋于一致。通过对空间重叠性与变动一致性的测度，发现医药制造业与医疗服务业在空间分布上存在重叠性，空间格局变动存在一致性，这表明医药制造业与医疗服务业综合发展水平在空间分布上存在相似特征，且变化方向一致，空间分布出现逐渐重合的特征。

（3）通过 Dagum 基尼系数分解，发现医药制造业与医疗服务业综合发展水平的总体区域差距较大。其中，医药制造业差距呈"波动增长"态势，而医疗服务业呈"缓慢增加—波动—缓慢降低"态势。就区域内差异而言，2003—2009 年，医药制造业表现为西部>东部>中部，2008—2019 年表现为东部>中部>西部；而医疗服务业在 2003—2008 年表现为东部>西部>中部，2009—2013 年表现为西部>东部>中部，2014—2015 年表现为东部>西部>中部，2016—2019 年表现为东部>中部>西部；就区域间差异而言，两产业均表现为东西>东中>中西；从区域差异来源的贡献率来看，两产业均表现为区域间差异>区域内差异>超变密度。

（4）σ 收敛的检验结果表明，全国层面，医药制造业和医疗服务业综合发展水平分别在 2006 年后和 2017 年后呈现 σ 收敛趋势；地区层面，医药制造业中部、东部均存在 σ 收敛，西部不存在 σ 收敛；医疗服务业综合发展水平三区域均存在 σ 收敛。

第四章　医药制造业与医疗服务业耦合协调发展水平的测度

基于第三章的研究发现，医药制造业与医疗服务业在时间维度和空间维度存在相似的演进规律，为进一步探究两产业间协调发展态势，本章基于第三章构建的两产业综合发展水平指标体系，运用耦合协调模型测度两产业耦合协调发展程度、Tapio 指数动态描绘两产业综合发展水平的演进趋势，以及解耦方法精准识别制约医药制造业与医疗服务业耦合协调发展的障碍因子，对两产业耦合协调发展水平的动态演进程度进行探究。

第一节　耦合协调度模型构建与等级划分

耦合是物理学的概念，本质上反映两个及以上系统的关联依赖关系。本研究借鉴物理学中的容量耦合系数模型来测度医药制造业与医疗服务业系统间的耦合协调程度，其中多个系统相互作用的耦合度模型的表达形式用式（4.1）表示。

$$C_n = n\left[(u_1 \cdot u_2 \cdots u_n)\Big/\prod(u_i + u_j)\right]^{\frac{1}{n}} \tag{4.1}$$

式（4.1）中，u_i 表示耦合度研究对象中的 i 系统。医药制造业与医疗服务业的耦合度模型如下。

$$C_{it} = 2\sqrt{M_{it} \cdot S_{it}}\Big/(M_{it} + S_{it}) \tag{4.2}$$

式（4.2）中，M_{it} 表示第 i 省份或地区的第 t 年医药制造业综合发展指数，S_{it} 表示第 i 省份或地区的第 t 年医疗服务业综合发展指数。C_{it} 表示第 i 省份或地区的第 t 年医药制造业与医疗服务业综合发展水平的耦合度，C 值越大，医疗服务业和医药制造业的结合越好，当 $C=1$ 时，耦合程度达到最好状态，当 $C=0$ 时则表示两产业之间无联系。

式（4.2）在一定程度上测算出医疗服务业与医药制造业耦合协调发展的状态，但并未真实反映出两者之间的发展水平。当医疗服务业和医药制造业均为低发展水平时，耦合度呈现出假性高度耦合发展状态。因此，本章构造了耦合协调度模型。

$$D_{it} = \sqrt{C_{it} \cdot T_{it}}, \quad T_{it} = \alpha M_{it} + \beta S_{it} \qquad (4.3)$$

式（4.3）中，D_{it} 表示耦合协调度，T_{it} 表示医疗服务业与医药制造业的综合发展水平指数。借鉴张虎（2019）的研究设定，本研究设定 $\alpha=\beta=0.5$。

耦合协调度模型测度医药制造业与医疗服务业耦合状态 C 及两者所处的发展状态。耦合协调 D 值越大，二者协调发展水平越高；反之则越低。依据 D 的取值，参考张虎等（2019）、胡元瑞等（2020）的研究，结合相关文献的耦合分类标准，将医疗服务业与医药制造业耦合协调度划分为不同耦合协调类型，具体划分标准见表4-1。

表4-1　耦合协调度判别标准

耦合协调度（D）	协调等级	$M_i^t / S_i^t \geq 1$	$M_i^t / S_i^t < 1$
$0 \leq D < 0.1$	极度耦合失调衰退	医疗服务业落后	医药制造业落后
$0.1 \leq D < 0.2$	重度耦合失调衰退	医疗服务业落后	医药制造业落后
$0.2 \leq D < 0.3$	中度耦合失调衰减	医疗服务业落后	医药制造业落后
$0.3 \leq D < 0.4$	轻度耦合失调衰减	医疗服务业落后	医药制造业落后
$0.4 \leq D < 0.5$	濒临耦合失调衰退型	医疗服务业落后	医药制造业落后
$0.5 \leq D < 0.6$	勉强耦合协调	医疗服务业落后	医药制造业落后
$0.6 \leq D < 0.7$	初级耦合协调发展	医疗服务业落后	医药制造业落后
$0.7 \leq D < 0.8$	中级耦合协调发展	医疗服务业落后	医药制造业落后
$0.8 \leq D < 0.9$	良好耦合协调发展	医疗服务业落后	医药制造业落后
$0.9 \leq D \leq 1$	优质耦合协调发展	医疗服务业落后	医药制造业落后

资料来源：笔者根据现有文献整理所得。

在表4-1中，耦合协调度 D 取值为0~1，D 值越大，表明医药制造业与医疗服务业在发展过程中互相促进，关联程度越高，协调状态越优；反之，D 值越接近0，则表明两产业在发展过程中的关联度越低。具体而言，当耦合协调度介于0~0.4，医药制造业与医疗服务业的发展处于失调状态，表明大健康产业内部发展失衡，产业壁垒的存在导致医药制造业与医疗服务业两者互相阻碍发展；当耦合协调度介于0.4~0.6，医药制造业与医疗服务业处于勉强耦合协调阶段，表明经济的发展、数字经济的推进以及技术的进步促进医药制造业与医疗服务业由互相阻碍发展向耦合协调方向转变；当耦合协调度介于0.6~0.7，医药制造业与医疗服务业处于初级耦合协调发展状态，两产业由协调发展转变为互相促进发展；当耦合协调度介于0.7~1.0，医药制造业与医疗服务业之间耦合协调发展程度逐步上升，此时，医药制造业与医疗服务业相互渗透、互相促进，逐步达到良性循环的可持续发展状态。当 $M_i^t / S_i^t \geq 1$ 时，表明第 i 省份在第 t 年的医药制造业综合发展水平高于医疗服务业综合发展水平，此时医疗服务业综合发展水平处于滞后阶段；当 $M_i^t / S_i^t < 1$ 时，表明第 i 省份在第 t 年的医药制造业综合发展水平低于医疗服务业综合发展水平，此时医药制造业综合发展水平处于滞后阶段。

第二节　医药制造业与医疗服务业耦合协调发展水平分析

一、总体耦合协调发展水平特征分析

2003—2019年，全国医药制造业与医疗服务业耦合协调发展年平均水平见表4-2。表中显示，两产业耦合协调发展水平呈现逐年递增态势，耦合状态由最初的耦合失调转变为濒临耦合失调衰退型，表明我国健康产业内部两产业的耦合协调发展状况持续向好，产业间发展由无序转向有序。耦合协调度的最高值为0.489，表明两产业总体耦合协调程度依旧不高。此外，两产业的综合发展水平比值始终小于1，表明医药制造业综合发展水

落后于医疗服务业，两产业间的综合发展水平差距是保持单一产业主导的演变趋势的主要原因。两产业耦合协调发展水平总体分为三个阶段：2003—2008 年的耦合协调度介于 0.2~0.3，两产业耦合协调发展属于中度耦合失调状态；2009—2012 年的耦合协调度介于 0.3~0.4，两产业耦合协调发展属于轻度耦合失调衰减状态；2013—2019 年的耦合协调度介于 0.4~0.5，两产业耦合协调发展属于濒临耦合失调衰退型发展状态。

表 4-2　2003—2019 年医药制造业与医疗服务业耦合协调发展水平及类型

年份	D	M_{meant}/S_{meant}	M_{meant}	S_{meant}	耦合协调类型
2003	0.221	0.448	0.036	0.079	中度失调衰减
2004	0.229	0.466	0.039	0.084	中度失调衰减
2005	0.240	0.499	0.045	0.090	中度失调衰减
2006	0.247	0.504	0.047	0.094	中度失调衰减
2007	0.250	0.429	0.045	0.104	中度失调衰减
2008	0.265	0.477	0.053	0.112	中度失调衰减
2009	0.314	0.385	0.068	0.176	轻度失调衰减
2010	0.328	0.401	0.075	0.186	轻度失调衰减
2011	0.351	0.467	0.093	0.198	轻度失调衰减
2012	0.377	0.549	0.117	0.213	轻度失调衰减
2013	0.402	0.599	0.138	0.230	濒临失调衰退型
2014	0.421	0.624	0.154	0.247	濒临失调衰退型
2015	0.440	0.639	0.171	0.268	濒临失调衰退型
2016	0.457	0.656	0.188	0.287	濒临失调衰退型
2017	0.468	0.635	0.195	0.307	濒临失调衰退型
2018	0.479	0.641	0.205	0.319	濒临失调衰退型
2019	0.489	0.616	0.209	0.339	濒临失调衰退型

资料来源：笔者测算。

从增长速度来看，医药制造业综合发展水平与医疗服务业综合发展水平均有上升趋势，但医药制造业综合发展水平增速明显低于医疗服务业。随着"新医改"政策的推进，医疗服务业资源配置得到优化，其综合发展水平增速明显快于医药制造业。此外，耦合协调发展水平的增速在 2011—

2013 年出现明显加快的趋势，而在 2013 年后，保持较缓的增长速度。

二、省域层面两产业耦合协调发展水平及特征

从总体时间序列来看，2003—2019 年中国各省份医药制造业与医疗服务业的耦合协调度为增长态势，平均耦合协调度由 0.221 增加至 0.489，离散范围由 0.088 增加至 0.145。

为进一步探究两产业耦合协调度的时空演变状态，本章选取 2003 年、2009 年、2016 年、2019 年相关数据列于表 4-3 中。由表 4-3 可知，各省域两产业耦合协调发展水平均呈现明显上升趋势，且耦合协调发展水平的变化具有周期性。从省域层面来看：①严重失调区域大幅减少，重度失调衰退的省域个数从 2003 年的 14 个（45.161%）降到 2019 年的 0 个。②2019 年，全国省域均处于轻度失调衰减及以上状态，而 2003 年只有 4 个省份处于轻度失调衰减及以上状态。可能的原因是我国政府对居民健康的重视程度提升，政府加大了对公共卫生领域建设的投入力度，使两产业稳步高效发展。2019 年两产业耦合协调度位于前三名的省份分别为江苏（0.773）、山东（0.723）与北京（0.713），三地区两产业均达到中级协调发展状态。处于后三名的省份分别为内蒙古（0.347）、宁夏（0.329）与青海（0.313），三地区两产业耦合协调度分别处于轻度失调衰减状态。

表 4-3　省域医药制造业与医疗服务业耦合协调指数

省份＼年份	2003	2009	2016	2019
安徽	0.178	0.303	0.454	0.501
北京	0.345	0.431	0.634	0.713
福建	0.180	0.263	0.388	0.438
甘肃	0.157	0.22	0.328	0.356
广东	0.289	0.405	0.584	0.661
广西	0.193	0.275	0.381	0.383
贵州	0.174	0.247	0.373	0.397
海南	0.193	0.235	0.375	0.451
河北	0.245	0.387	0.534	0.521

续表

年份 省份	2003	2009	2016	2019
河南	0.217	0.406	0.567	0.564
黑龙江	0.203	0.287	0.371	0.374
湖北	0.231	0.332	0.499	0.534
湖南	0.208	0.342	0.493	0.529
吉林	0.233	0.341	0.503	0.481
江苏	0.289	0.434	0.702	0.773
江西	0.228	0.323	0.455	0.494
辽宁	0.207	0.334	0.368	0.410
内蒙古	0.160	0.243	0.354	0.347
宁夏	0.153	0.204	0.310	0.329
青海	0.155	0.191	0.284	0.313
山东	0.270	0.475	0.724	0.723
山西	0.180	0.251	0.341	0.354
陕西	0.217	0.281	0.424	0.440
上海	0.345	0.413	0.575	0.559
四川	0.256	0.386	0.556	0.508
天津	0.324	0.393	0.558	0.571
西藏	0.198	0.224	0.314	0.380
新疆	0.152	0.187	0.313	0.351
云南	0.179	0.252	0.376	0.411
浙江	0.315	0.423	0.601	0.660
重庆	0.174	0.262	0.427	0.461

资料来源：笔者测算。

从两产业耦合协调度的地区分布来看，耦合协调度高的省份主要分布在东部地区。大部分两产业耦合协调度低的区域属于"医疗服务业发展水平高，医药制造业发展水平低"的水平。具体来看，2003 年有 14 个省份处于重度失调衰退水平，13 个省份处于中度失调衰退水平，4 个省份处于轻度失调衰减水平。江苏、山东、北京与广东为耦合协调程度高的前 4 个省份，但 4 个省份的耦合协调度均不高，都属于轻度失调衰减发展状态。2019 年有 10 个省份处于轻度失调衰退水平，8 个省份处于濒临失调衰退水平，6 个省份处于勉强耦合协调水平，4 个省份处于初级协调发展水平，3 个省份处于中级协调发展水平。

三、区域层面两产业耦合协调发展水平及特征

东部、中部、西部地区医药制造业与医疗服务业耦合协调发展水平年度变化情况见表 4-4。根据表 4-4 可知，三大区域医药制造业与医疗服务业耦合协调度整体呈现逐步递增趋势，区域间差异呈现扩大趋势。各区域两产业耦合协调发展水平具体特征如下。

表 4-4　2003—2019 年三区域医药制造业与医疗服务业耦合协调发展水平

年份	东部	中部	西部
2003	0.273	0.210	0.181
2004	0.284	0.216	0.187
2005	0.302	0.224	0.194
2006	0.310	0.235	0.197
2007	0.308	0.245	0.201
2008	0.328	0.260	0.210
2009	0.381	0.323	0.248
2010	0.396	0.336	0.260
2011	0.428	0.355	0.276
2012	0.462	0.376	0.301
2013	0.489	0.402	0.323
2014	0.509	0.422	0.339
2015	0.531	0.441	0.357
2016	0.549	0.460	0.370
2017	0.568	0.465	0.378
2018	0.583	0.472	0.389
2019	0.598	0.476	0.398

资料来源：笔者测算。

（1）东部地区。2003—2019 年东部地区各省份两产业耦合协调发展水平的离散范围为 0.273~0.598，平均耦合协调发展水平为 0.429，在三大区

域内属于最高水平。两产业耦合协调发展水平从 2003 年的 0.273 增长至 2019 年的 0.598，2003—2019 年在三区域中始终保持最高水平。两产业耦合协调发展类型从中度耦合失调衰退型演进成勉强耦合协调发展型。

（2）中部地区。2003—2019 年中部地区各省份两产业耦合协调发展水平的离散范围为 0.210~0.476，平均耦合协调发展水平为 0.348。两产业耦合协调发展水平从 2003 年的 0.210 增长至 2019 年的 0.476，两产业耦合协调发展类型从中度耦合失调衰退型演进成濒临耦合失调衰退型。

（3）西部地区。2003—2019 年西部地区各省份两产业耦合协调发展水平的离散范围为 0.181~0.398，平均耦合协调发展水平为 0.283。两产业耦合协调发展水平从 2003 年的 0.181 增长至 2019 年的 0.398，两产业耦合协调发展类型从重度耦合失调衰退型演进成轻度耦合失调衰减型。

（4）全国区域。2003—2019 年三大区域两产业耦合协调发展水平呈现逐步增长趋势，但整体发展水平不高；区域间两产业耦合协调发展水平由东部向西部逐步递减，且区域间差异逐步加大。

第三节　医药制造业与医疗服务业发展速度比较

通过耦合协调度模型测度现阶段两产业耦合协调发展水平，发现医药制造业发展水平落后是制约两产业耦合协调发展水平的直接原因，且产业间发展速度的不均衡也会在一定程度上影响产业间耦合协调发展水平。为探究两产业的发展速度对其耦合协调发展水平的影响，本节采用 Tapio 指数测度医药制造业与医疗服务业综合发展水平增长率的协同程度，通过比较医药制造业与医疗服务业的增长速度差异，分析医药制造业与医疗服务业增长速度协调类别，以动态反映耦合协调过程两产业之间的发展速度变化特征。

一、Tapio 指数

Tapio 指数重点关注指标的相对增长，主要刻画驱动变量引致的解释变量相对变化，因而广泛用于测度环境污染、温室气体排放、雾霾污染对经济增长的影响。

OECD 在环境问题中首次将经济增长与工业污染排放的相关性定义为"脱钩"，大多数学者采用二者发展程度的绝对大小反映内部制约关系。OECD 的脱钩指数如下。

$$T = \frac{y_t}{y_0} \bigg/ \frac{x_t}{x_0} \qquad (4.4)$$

但 OECD 的脱钩指数受基期选择的影响较大，所以对基期的选择是当前研究的争议点。因此，Tapio（2005）借鉴弹性系数的思想对脱钩指数进行改进。本研究借鉴 Tapio（2005）的 Tapio 指数，测度 31 个省份医药制造业与医疗服务业综合发展水平的 Tapio 指数。具体计算公式如下。

$$\text{Tapio} = \frac{y_t - y_{t-1}}{y_{t-1}} \bigg/ \frac{x_t - x_{t-1}}{x_{t-1}} \qquad (4.5)$$

式（4.5）中，Tapio 为省域医药制造业与医疗服务业综合发展水平的 Tapio 指数，反映医药制造业与医疗服务业综合发展水平增长率的相对变化程度；y_t 为 t 年医药制造业综合发展水平，$\Delta y = y_t - y_{t-1}$ 表示 t 年期间医药制造业综合发展水平增量；x_t 为 t 年医疗服务业综合发展水平，$\Delta x = x_t - x_{t-1}$ 表示 t 年期间医疗服务业综合发展水平增量。Tapio（2005）提出的 Tapio 指数类型见表 4-5。

表 4-5　Tapio 关系划分标准

脱钩状态	Tapio 类型	Δy（医药制造业综合发展水平增量）	Δx（医疗服务业综合发展水平增量）	Tapio 弹性指标	含义
脱钩	强脱钩	<0	>0	Tapio≤0	异向发展，脱钩状态
	弱脱钩	>0	>0	0.8≥Tapio>0	同向发展，脱钩状态
	倒退脱钩	<0	<0	Tapio>1.2	同向发展，脱钩状态
连接	膨胀连接	>0	>0	1.2≥Tapio>0.8	同向发展，连接状态
	隐性连接	<0	<0	1.2≥Tapio>0.8	同向发展，连接状态
负脱钩	强负脱钩	>0	<0	Tapio≤0	异向发展，负脱钩状态
	弱负脱钩	<0	<0	0.8≥Tapio>0	同向发展，负脱钩状态
	扩张负脱钩	>0	>0	Tapio>1.2	同向发展，负脱钩状态

资料来源：笔者自制。

Tapio 指数可以反映医疗服务业综合发展水平发生变化时，医药制造业综合发展水平是如何变化以及变化程度的大小。因此，Tapio 指数反映的是两产业综合发展水平增长率的变化，根据测度结果可以分析医药制造业随医疗服务业综合发展水平增长动态变化的幅度，同时也可以反映医疗服务业发展对医药制造业的驱动程度。

　　本研究依据 Tapio 指数正负向、数值大小及其分类，将医药制造业与医疗服务业 Tapio 指数分类如下。

　　第一，同向与反向作用。同向作用表示医药制造业随医疗服务业增长而增长，两产业间保持协同趋势，反向作用表示医疗服务业与医药制造业发展不同步，因而制约两产业耦合协调发展。

　　第二，产业增长速度比值大小代表两产业综合发展水平的增速协调水平，也反映了医疗服务业发展对医药制造业的驱动力大小。借鉴唐晓华（2018）的分类方式，依据 Tapio 指数可测度省域医药制造业与医疗服务业相对发展水平，判断医药制造业与医疗服务业的发展变化方向，以及两产业间的增速是否匹配。Tapio 指数类型可划分为负脱钩、脱钩、连接三种状态（Tapio，2005）。具体而言，Tapio 指数类型分为脱钩与连接两个大类，按照综合发展水平差值的正负向分为脱钩与负脱钩中类，再依据产业环比增长率比值大小可分为 8 个小类（见表 4-5）。本研究结合 Tapio（2005）与唐晓华（2018）对 Tapio 指数的分类，结果如下：当 Tapio≥1 时，医药制造业与医疗服务业存在同向增长，处于"挂钩"状态，Tapio 值越大表明医药制造业增速快于医疗服务业，医疗服务业对医药制造业的驱动程度高；Tapio＝1 是挂钩与相对脱钩的转折点，Tapio＝1 表明医药制造业增长速度与医疗服务业相同；当 0<Tapio<1 时，医药制造业与医疗服务业出现相对脱钩，即医药制造业增速慢于医疗服务业，处于"相对脱钩"状态，Tapio 值越小表明医疗服务业对医药制造业的驱动程度低，脱钩程度越高，两者增长速度不匹配程度越大；当 Tapio≤0 时，即出现绝对脱钩，说明在医疗服务业增长的情况下，医药制造业增长速度为零，或者医药制造业出现负增长，此时为"绝对脱钩"。

二、年度 Tapio 指数测度结果

　　医药制造业与医疗服务业 Tapio 指数测度结果见表 4-6。表中显示了医

药制造业增长量、医疗服务业增长量以及两者脱钩类型。

表4-6 2004—2019年年度医药制造业与医疗服务业 Tapio 指数测度结果

年份	Δy	Δx	Tapio 指数	Tapio 类型
2004	0.003	0.004	1.796	挂钩
2005	0.006	0.006	2.048	挂钩
2006	0.003	0.005	1.186	挂钩
2007	−0.003	0.010	−0.559	绝对脱钩
2008	0.009	0.007	2.659	挂钩
2009	0.014	0.064	0.472	相对脱钩
2010	0.007	0.010	1.804	挂钩
2011	0.018	0.013	3.551	挂钩
2012	0.024	0.014	3.606	挂钩
2013	0.021	0.018	2.206	挂钩
2014	0.016	0.017	1.621	挂钩
2015	0.017	0.021	1.305	挂钩
2016	0.017	0.019	1.385	挂钩
2017	0.006	0.019	0.494	相对脱钩
2018	0.010	0.013	1.244	挂钩
2019	0.004	0.020	0.346	相对脱钩

资料来源：笔者测算。

医药制造业年增长量（Δy）在 2004—2019 年波动区间为 −0.003～0.024，其中在 2004—2016 年呈波动增长，峰值出现在 2012 年，2007 年为负增长，而后又恢复为正增长。这表明医药制造业在 2004—2016 年，除2007 年，医药制造业综合发展水平均保持增长态势。2017—2019 年呈现波动下降态势。

医疗服务业年增长量（Δx）在 2004—2019 年均为正值，呈现凸形分布，波动区间为 0.004～0.064，最高值在 2009 年。这表明在 2004—2019年，医疗服务业综合发展水平保持正增长，其中在 2009 年的变化最大，这得益于 2009 年"新医改"政策的实施。

医药制造业与医疗服务业 Tapio 指数呈现"高低交错"的波浪式发展特

征，数值在-0.559~3.606波动，均值为1.573，方差为1.125，除2007年外，其余年份医疗服务业的发展都促进医药制造业发展，但驱动力具有较大波动幅度。具体而言，Tapio指数变动趋势分为四个阶段：第一阶段（2004—2006年），Tapio指数始终>0，均值为1.677，方差为0.196，均值远大于1表明医药制造业与医疗服务业综合发展水平保持同向增长，两产业大部分处于"挂钩"状态，医疗服务业对医药制造业的驱动力处于强驱动阶段。第二阶段（2007年），医药制造业综合发展水平出现负增长，两产业呈现反向发展，从而抑制了耦合协调发展水平。第三阶段（2008—2016年），Tapio指数>0，均值为2.068，方差为1.099，表明医药制造业与医疗服务业综合发展水平保持同向增长，两产业大部分仍处于"挂钩"状态，驱动力也处于强驱动阶段，且驱动力波动范围大于第一阶段。第四阶段（2017—2019年），医药制造业与医疗服务业综合发展水平保持同向增长，Tapio指数相较于第三阶段呈现波动下降趋势，其中2017年与2019年均属于相对脱钩，说明医药制造业增长率始终小于医疗服务业。医药制造业与医疗服务业发展具有周期性特征，遵循相对脱钩与挂钩交替的演化规律。

从产业间驱动力来看，除2007年外，2004—2019年，产业间驱动力类型属于医疗服务业发展驱动医药制造业，两产业发展模式属于医疗服务业主导型的耦合协调发展模式。单产业主导型的耦合协调发展模式由于两产业发展水平的不平衡制约了产业间的耦合协调发展程度，而两产业发展速度相对平稳则有助于尽快跨过耦合裂痕。这也一定程度上解释了为什么医药制造业与医疗服务业耦合协调度在2013年后上涨速度放缓。

结合表4-2与表4-6的耦合协调发展水平D与Tapio指数综合分析，将医药制造业与医疗服务业耦合协调发展水平分为四个阶段：第一阶段为2004—2008年，医疗制造业增量与医疗服务业增量匹配，两产业发展步调一致，耦合协调度以7.33%的增速增长，但两产业综合发展水平低下导致其耦合协调程度较低。第二阶段为2009年，"新医改"政策的实施极大促进了医疗服务业综合发展水平的提升并赶超医药制造业。第三阶段为2010—2016年，两产业耦合协调度由中度耦合失调转变为濒临耦合失调衰退型，耦合协调度以18.428%的速度增长，Tapio指数始终大于1，表明医疗服务业综合发展水平高于医药制造业，但医药制造业增速快于医疗服务业，产业间综合发展水平差距缩小，使两产业耦合协调水平以较高速度增长，两产业具有良好的耦合协调发展趋势。第四阶段为2017—2019年，医疗服务业综合发展水平高于医药制造业，两产业耦合协调发展处于濒临耦合失调衰退型，耦合协调度增速减至7.00%，Tapio指数小于1，这表明医药制造业增速放缓，甚至两产业互相抑制发展，导致两产业综合发展水平差距继续扩大，进而阻碍二者耦合协调发展水平，使二者耦合协调度增速放缓；这一时期，两产业间较大的发展水平差距是造成耦合协调度增长缓慢的主要原因。

三、省域 Tapio 指数测度结果

将省域 Tapio 指数测度结果列于表4-7中。对2004—2019年省域 Tapio 脱钩指数进行归类，发现期间各省份两产业有113次处于绝对脱钩状态，121次处于相对脱钩状态，262次处于挂钩状态。从整体来看，医药制造业与医疗服务业 Tapio 脱钩指数范围在−155.629~294.611，说明省域间两产业发展速度差异较大。为更详细探究区域内医药制造业与医疗服务业发展速度的变化情况，现将全国划分为三大区域进行分析，结果见表4-8。

四、三大区域下 Tapio 指数测度结果

表4-8为三大区域医药制造业与医疗服务业 Tapio 指数的年度变化情况，从整体来看，2004—2019年三大区域 Tapio 指数呈现"凸"型分布态势，区域间数值差距逐步减小且逼近于0，说明两产业 Tapio 分类由挂钩转向相对脱钩，医疗服务业对医药制造业的驱动力逐步下降。其中2017年前后，东部、中部以及西部区域全部由挂钩进入相对脱钩、绝对脱钩状态，说明医药制造业增速小于医疗服务业，进而制约着两产业耦合协调发展水平。年度 Tapio 指数数值西部地区大于东部、中部地区，说明医疗服务业发展对医药制造业的驱动程度西部地区大于东部、中部地区。

（1）东部地区。医药制造业与医疗服务业 Tapio 指数在2004—2007年波动下降，驱动力由促进转为抑制，在2008—2011年呈波动上升态势，驱动力由抑制转为促进，在2012—2019年促进的驱动力强度波动减弱。医药制造业年增长量的离散范围为−0.007~0.041，平均增长量为0.018，医疗服务业增长率的离散范围为0.007~0.063，平均增长量为0.020，高于医药

表 4-7 省域 Tapio 指数

省份＼年份	2004	2005	2006	2007	2008	2009	2010	2011	2012	2013	2014	2015	2016	2017	2018	2019
安徽	0.119	0.815	1.531	0.749	2.392	0.574	6.385	-4.791	3.411	2.729	1.647	0.664	-16.951	1.386	1.969	-0.094
北京	0.460	1.231	-0.703	-7.100	2.354	3.710	1.147	1.515	1.951	1.677	0.747	1.160	1.139	1.880	1.986	1.104
福建	3.187	1.454	2.388	-0.266	-1.447	0.520	0.091	5.497	1.617	1.618	1.881	1.467	2.710	0.835	1.823	2.307
甘肃	-2.157	1.854	20.368	0.167	-1.701	0.093	3.216	2.748	18.509	2.376	2.069	0.097	0.690	-3.459	1.602	15.173
广东	-0.978	0.344	-3.122	-17.570	0.051	0.782	3.074	12.420	4.861	3.951	1.834	3.914	2.239	0.642	17.525	0.570
广西	0.711	0.657	3.149	-0.388	0.768	0.232	2.513	4.413	2.289	2.775	1.236	0.356	0.071	-0.747	-3.319	0.365
贵州	-4.315	0.600	8.640	-0.279	1.341	0.251	2.398	2.472	1.169	2.075	3.957	0.196	1.161	-0.015	-121.896	-0.140
海南	2.776	1.907	4.974	-3.250	5.259	0.926	1.004	0.660	1.845	1.670	1.316	0.923	0.892	2.210	2.573	1.244
河北	-0.374	10.549	-3.733	1.237	-5.299	0.194	-37.052	-6.375	11.973	6.435	3.469	42.163	3.510	-2.906	1.067	-6.633
河南	2.399	0.735	9.222	1.695	1.345	0.194	17.860	5.099	-2.343	4.266	4.096	0.498	4.391	-3.210	-3.526	1.462
黑龙江	-2.111	2.846	0.238	-0.628	1.536	1.289	1.096	-9.788	0.978	0.566	0.198	-0.419	0.456	-0.173	0.169	-1.157
湖北	-3.437	19.088	2.925	0.322	1.039	0.391	5.452	0.961	165.236	3.121	1.547	2.557	0.732	1.209	4.857	-1.158
湖南	1.474	-3.426	-2.466	0.318	4.642	0.317	0.918	7.879	6.177	2.246	3.020	3.066	0.762	1.069	-0.098	1.145
吉林	79.970	0.211	1.074	-0.544	1.594	0.985	5.146	11.878	0.959	3.185	1.936	0.970	0.827	-3.351	-0.890	-1.361
江苏	5.800	0.319	0.779	-1.163	-72.116	0.710	0.853	2.288	1.084	1.263	1.323	0.634	8.946	1.568	5.206	0.643
江西	-0.959	-2.819	-6.169	-0.250	-1.583	0.198	11.539	-0.050	294.611	3.318	2.692	3.355	3.447	0.572	2.140	0.265

续表

省份\年份	2004	2005	2006	2007	2008	2009	2010	2011	2012	2013	2014	2015	2016	2017	2018	2019
辽宁	2.195	5.237	1.095	0.922	2.134	0.535	-24.236	4.027	0.573	-7.797	-4.633	-6.955	-11.005	2.508	5.342	0.115
内蒙古	7.211	22.100	0.394	0.831	0.293	0.624	6.396	5.989	1.000	0.776	0.179	1.877	-0.127	-2.668	1.337	-1.211
宁夏	8.210	0.559	1.287	-0.185	1.354	1.025	1.191	2.869	0.553	0.603	-0.194	1.269	1.561	0.724	0.724	-2.642
青海	-6.440	0.261	2.248	-0.321	-0.264	0.228	1.506	0.641	6.426	1.939	-0.398	-0.304	-0.625	-0.497	-0.227	4.213
山东	9.317	1.934	-1.075	5.580	1.351	0.289	1.622	16.085	9.153	1.778	1.818	3.321	1.513	0.094	-1.701	-2.074
山西	-4.501	3.765	2.008	-0.032	-0.411	0.139	3.589	-42.407	2.897	5.550	3.230	1.331	1.208	5.201	1.152	1.290
陕西	-0.585	0.529	-0.001	2.276	0.632	0.083	1.752	0.915	4.278	1.666	2.334	9.108	2.736	-0.095	0.645	0.252
上海	1.722	1.170	1.655	-2.141	0.746	2.529	0.527	1.436	2.608	0.911	1.359	1.109	1.283	0.941	0.588	2.065
四川	-8.247	2.199	-1.831	5.891	4.608	0.101	-8.912	20.716	10.981	0.459	8.444	4.493	0.518	1.629	5.367	2.001
天津	1.581	3.439	1.883	-1.688	3.899	1.617	0.366	2.174	1.800	1.701	-0.194	-0.604	1.651	-0.542	-0.454	-0.417
西藏	2.025	-155.629	-0.996	-1.390	-0.989	14.818	4.158	-3.285	-10.078	1.905	0.889	0.225	-1.067	11.490	3.067	0.442
新疆	1.171	9.855	4.231	1.895	1.977	0.583	1.300	1.766	4.471	2.423	2.678	0.330	3.354	-0.022	24.765	0.728
云南	0.852	0.535	0.636	1.075	0.595	0.468	0.432	8.746	3.983	2.881	1.032	0.810	-0.278	1.041	224.762	-0.460
浙江	-19.942	-52.836	0.334	-3.552	2.260	1.525	-1.320	3.040	2.026	1.735	1.123	1.982	1.288	0.777	1.394	1.247
重庆	0.833	1.925	-0.908	-0.101	0.777	1.784	0.660	1.707	1.261	3.828	-0.237	2.688	2.229	0.204	-0.074	0.790

资料来源：笔者测算。

制造业平均增长量。Tapio 指数从 2004 年的 1.553 波动降低至 2019 年的 0.441，由正向驱动转变为反向驱动，再转回为正向驱动，两产业呈现"挂钩—相对脱钩"转变状态，驱动力呈波动式下降趋势。

表 4-8　三大区域医药制造业与医疗服务业 Tapio 脱钩指数测算结果

年份	东部				中部				西部			
	Δy	Δx	Tapio 指数	Tapio 分类	Δy	Δx	Tapio 指数	Tapio 分类	Δy	Δx	Tapio 指数	Tapio 分类
2004	0.006	0.007	1.553	挂钩	0.002	0.003	1.484	挂钩	0.002	0.002	2.730	挂钩
2005	0.011	0.011	1.887	挂钩	0.004	0.003	3.026	挂钩	0.002	0.004	1.576	挂钩
2006	0.002	0.009	0.460	相对脱钩	0.006	0.003	4.099	挂钩	0.001	0.002	1.453	挂钩
2007	−0.007	0.009	−1.449	绝对脱钩	0.001	0.013	0.140	相对脱钩	−0.001	0.009	−0.339	绝对脱钩
2008	0.015	0.011	2.750	挂钩	0.008	0.006	2.829	挂钩	0.003	0.005	1.793	挂钩
2009	0.024	0.063	0.667	相对脱钩	0.015	0.085	0.340	相对脱钩	0.006	0.051	0.368	相对脱钩
2010	0.008	0.014	1.152	挂钩	0.009	0.006	4.117	挂钩	0.004	0.009	2.177	挂钩
2011	0.033	0.019	3.437	挂钩	0.015	0.008	4.780	挂钩	0.007	0.010	2.579	挂钩
2012	0.041	0.023	2.949	挂钩	0.019	0.006	7.098	挂钩	0.012	0.012	3.743	挂钩
2013	0.032	0.020	2.283	挂钩	0.023	0.016	2.787	挂钩	0.011	0.017	1.883	挂钩
2014	0.022	0.021	1.417	挂钩	0.019	0.014	2.178	挂钩	0.009	0.015	1.722	挂钩
2015	0.027	0.024	1.414	挂钩	0.016	0.018	1.360	挂钩	0.009	0.020	1.223	挂钩
2016	0.028	0.019	1.823	挂钩	0.020	0.017	1.759	挂钩	0.005	0.021	0.622	相对脱钩
2017	0.017	0.026	0.785	相对脱钩	−0.002	0.013	−0.241	绝对脱钩	0.002	0.018	0.291	相对脱钩
2018	0.020	0.016	1.459	挂钩	0.004	0.008	0.663	相对脱钩	0.006	0.013	1.298	挂钩
2019	0.010	0.027	0.441	相对脱钩	−0.003	0.016	−0.276	绝对脱钩	0.004	0.016	0.688	相对脱钩

资料来源：笔者测算。

（2）中部地区。医药制造业与医疗服务业 Tapio 指数也呈下降态势。中部地区医疗服务业保持稳定增长，年均增长量为 0.014，医药制造业年平均增长量为 0.010，医疗服务业综合发展水平增量大于医药制造业。中部地区医药制造业与医疗服务业 Tapio 指数在 2004—2016 年 Tapio 指数始终大于 0，呈"凸"型分布，在 2012 年达到最大值，脱钩类型在挂钩、相对脱钩状态间波动。2017 年以后，医药制造业出现负增长，导致两产业 Tapio 指数为负，出现负向驱动，且驱动力逐渐降低。

（3）西部地区。医药制造业与医疗服务业 Tapio 指数也呈下降态势。西部地区医疗服务业保持稳定增长，年均增长量为 0.014，医药制造业年平均增长量为 0.005，医疗服务业综合发展水平年平均增量大于医药制造业。医疗服务业发展对医药制造业保持正向驱动，但驱动力呈波动式下降趋势。2004—2019 年西部地区 Tapio 指数在三大区域中处于最高水平，表明西部地区医疗服务业发展水平对医药制造业的驱动作用最强。

第四节　医药制造业与医疗服务业耦合协调发展水平解耦分析

根据 Tapio 指数与耦合协调度模型的测度结果分析可见，医药制造业的相对落后是制约耦合协调发展水平的直接原因，两产业增速不匹配会阻碍两产业耦合协调发展水平。尽管两产业综合发展水平呈现逐步协调态势，但两产业的增长速度失调依然影响两产业间耦合协调发展水平。因此，精确识别阻碍两产业耦合协调发展的障碍因子，提升医药制造业增长速度，缩短两产业综合发展水平差距，才能从根本上解决两产业耦合协调发展程度不高的问题。医药制造业与医疗服务业耦合协调发展过程，从整体来看是两个产业的动态发展过程，但前文从四个维度构建了医药制造业与医疗服务业的综合发展水平评价体系，那么，四个维度究竟是如何动态发展从而影响两产业耦合协调发展水平的呢？为探究医药制造业综合发展水平滞后影响两产业耦合协调发展水平的路径，本研究采用无模型自适应控制方法对两产业耦合协调发展水平进行解耦分析，以精准识别两产业耦合协调发展的障碍因子。

一、解耦

耦合是指至少两个体系或运动形式以交互作用的方式产生影响使其发生联合的现象。解耦是指通过适当的控制量的选取、坐标变换等手段将一个多变量系统转化为多个独立的单变量系统的数学模型，即解除各个变量之间的耦合。

在对系统运动进行解耦分析时，需要进行控制量选择，将多变量控制系统转变为单一输入变量，使输出结果间相对独立，从而实现不同的输出由不同的输入控制。借鉴这一思路，本研究采用无模型自适应控制方法对医药制造业与医疗服务业耦合协调发展水平进行解耦分析，将多输入控制系统转化为互不影响的解耦控制，解决变量间的交互影响，并对解耦结果进行具体分析，以精准识别制约耦合协调发展的障碍因子。

无模型自适应控制方法只需要受控系统的输入和输出数据，不需要指定特定的控制系统，与控制系统模型的结构、系统参数、阶数无关，因此它适用于结构时变、阶数时变、参数时变、时滞时变及非最小相位非线性离散时间系统等。

在进行具体分析前，本研究先做出如下假设：耦合协调度模型视为一个多投入的系统，投入量为 $u(t)$，$u(t) = \sum w_i r_i$，其中 w_i 为第三章的熵权—TOPSIS 赋值的权重，r_i 为二级指标下包含的指标，以第一个投入量 $u(1)$ 为例，代表医药制造业的发展规模投入量，它由企业单位数、固定资产投资额、总产值乘以对应权重汇总而得。本研究采用耦合协调度模型计算耦合协调度，通过耦合协调度这个统计量来衡量两产业的协调发展水平。两产业耦合协调水平衡量了两产业间的动态变化，定量衡量其耦合程度，并且其耦合度指标具有可比较、可传导的特点。以上特点满足无模型自适应控制系统设计的假设。

现采用无模型自适应控制法对耦合协调度模型进行解耦分析，具体公式如下。

$$y(t+1)=f(y(t), \cdots, y(t-n_y), u(t), \cdots, u(t-n_u)) \quad (4.6)$$

式（4.6）中，$y(t)$、$u(t)$ 分别表示在 t 时刻系统的输出和输入，即耦合协调度指数以及相关产业综合评价指数内的一级指标指数，$u(t) \in R^1$；$y(t) \in R^1$；n_y、n_u 分别表示系统的未知阶数；$f(\cdots)$ 为耦合协调度的测度方法。

将耦合协调测度模型以及相关的赋权方法相结合，可得：

$$y(t+1) = y(t) + \phi(t)\Delta u(t) \tag{4.7}$$

其中，$\Delta y(t+1) = y(t+1) - y(t)$，$\Delta u(t) = u(t) - u(t-1)$。

考虑如下控制输入准则函数：

$$J(u(t)) = |y^*(t+1) - y(t+1)|^2 + \lambda |u(t) - u(t-1)|^2 \tag{4.8}$$

式（4.8）中，λ 表示一个正的权重系数。此准则函数中由于项 $\lambda |u(t) - u(t-1)|^2 u(t) - u(t-1)$ 的引入，使控制输入量的变化受到限制。

将式（4.7）代入准则函数式（4.8）中，对 $u(t)$ 求导，并令其等于零，得：

$$u(t) = u(t-1) + \frac{\rho_t \phi(t)}{\lambda + |\phi(t)|^2}(y^*(t+1) - y(t)) \tag{4.9}$$

式（4.9）中，ρ_t 是步长序列。由于 $\phi(t)$ 是系统的伪偏导数，是未知的，因而不能直接应用于式（4.8）中。我们用 $\phi(t)$ 的在线估计值代替，给出控制算法的表达式为：

$$u(t) = u(t-1) + \frac{\rho_t \hat{\phi}(t)}{\lambda + |\hat{\phi}(t)|^2}(y^*(t+1) - y(t)) \tag{4.10}$$

伪偏导数的估计准则函数为：

$$J(\hat{\phi}(t)) = |y(t) - y(t-1) - \hat{\phi}(t)\Delta u(t-1)|^2 + \mu |\hat{\phi}(t) - \hat{\phi}(t-1)|^2 \tag{4.11}$$

式（4.11）中，$y(t)$ 表示系统的实际输出；$\hat{\phi}$ 是 ϕ 的估计值；μ 为正的权重系数。由式（4.6）和式（4.10），根据最优条件可得伪偏导数的估计算法：

$$\hat{\phi}(t) = \hat{\phi}(t-1) + \frac{\eta_t \Delta u(t-1)}{\mu + \Delta u(t-1)^2}(\Delta y(t) - \hat{\phi}(t-1)\Delta u(t-1)) \tag{4.12}$$

式（4.12）中，η_t 表示步长序列；μ 表示权重因子。

利用前面所得到的伪偏导数估计算法及控制律算法，可以给出基于紧格式线性化方法的无模型自适应控制方案：

$$\hat{\phi}(t)=\hat{\phi}(t-1)+\frac{\eta_t \Delta u(t-1)}{\mu+\Delta u(t-1)^2}(\Delta y(t)-\hat{\phi}(t-1)\Delta u(t-1)) \qquad (4.13)$$

$$\hat{\phi}(t)=\hat{\phi}(1)，如果 |\hat{\phi}(t)|\leq \varepsilon 或 |\Delta u(t-1)|\leq \varepsilon \qquad (4.14)$$

$$u(t)=u(t-1)+\frac{\rho_t \hat{\phi}(t)}{\lambda+|\hat{\phi}(t)|^2}(y^*(t+1)-y(t)) \qquad (4.15)$$

式（4.14）中，ε 为一个充分小的正数。

进一步分析：

$$u(t)-u(t-1)=\frac{\rho_t \hat{\phi}(t)}{\lambda+|\hat{\phi}(t)|^2}(y^*(t+1)-y(t)) \qquad (4.16)$$

$$\Delta u(t)/\Delta y(t)=\frac{\rho_t \hat{\phi}(t)}{\lambda+|\hat{\phi}(t)|^2} \qquad (4.17)$$

式（4.17）将多因素影响的耦合协调模型的复杂耦合关系，转变为通过控制单一投入，通过观测产出差值，得到单一变量的影响大小，$\frac{\rho_t \hat{\phi}(t)}{\lambda+|\hat{\phi}(t)|^2}$ 为解耦出的障碍因子的影响大小。

二、障碍因子探究

根据第三章的研究表明，医药制造业发展水平相对落后是制约两产业耦合协调发展的关键。为探究医药制造业综合发展水平评价指标体系中，具体哪个一级指标对两产业耦合协调度影响最大，本研究通过横向对比耦合协调度，综合分析各一级指标间的耦合作用强度，测度各一级指标对耦合协调度的影响方向以及作用大小，用于反映医药制造业综合发展的薄弱环节。

下面通过解耦方法探究医药制造业综合发展水平评价指标体系中各一级指标对两产业耦合协调度的影响。具体步骤如下。

步骤一：将医药制造业子体系分为产业规模 $u(1)$、经济效益 $u(2)$、社会贡献 $u(3)$ 以及成长潜力 $u(4)$ 四个因子。

步骤二：进行无序排列组合，分别计算只包含三个投入的医药制造业综合发展水平评价指数 U_{31}、U_{32}、U_{33}、U_{34}。其中，U_{31} 代表剔除产业规模因子后的医药制造业综合发展水平评价指数。

步骤三：分别将 U_{31}、U_{32}、U_{33}、U_{34} 与第三章计算的医疗服务业综合发展水平指数纳入耦合协调度模型内，得到 D_{31}、D_{32}、D_{33}、D_{34}。其中，D_{31} 代表剔除产业规模因子后的三因子医药制造业与医疗服务业耦合协调发展水平。

步骤四：$\Delta D_i = D - D_{3i}$，其中，D_{3i} 中，3 代表医药制造业子系统只纳入 3 个因子，i 代表缺失的相关因子。D 代表未删除因子的原始耦合协调度。ΔD_i 代表 i 因子的影响程度，$\Delta D_i > 0$，代表 i 因子促进耦合协调度提升，数值越大，代表 i 因子的促进程度越高；$\Delta D_i < 0$，代表 i 因子抑制耦合协调度，数值越大，代表 i 因子的抑制程度越高。

通过表 4-9 解耦结果可见，医药制造业成长潜力的 ΔD 始终小于 0，且数值呈现不断增加态势，这表明医药制造业成长潜力低下是当前两产业耦合协调发展的主要障碍因子。这一结论与我国医药制造业的发展现状相符。我国医药制造业企业虽然众多，但"重销售、轻研发"的局面一直没有多大改变。正是我国医药制造业研发投入产出低、研发能力不强的现状，制约着其与医疗服务业的耦合协调发展。

表 4-9　2003—2019 年解耦结果

年份	产业规模	经济效益	社会贡献	成长潜力
2003	0.005	0.011	0.005	−0.028
2004	0.006	0.008	0.006	−0.030
2005	0.009	0.008	0.004	−0.033
2006	0.015	0.007	0.003	−0.037
2007	0.016	0.007	0.003	−0.036
2008	0.015	0.007	0.002	−0.034
2009	0.015	0.007	0.003	−0.035
2010	0.014	0.006	0.004	−0.034
2011	0.013	0.006	0.004	−0.035
2012	0.018	0.008	0.005	−0.042
2013	0.015	0.005	0.005	−0.035
2014	0.016	0.005	0.006	−0.035

年份	产业规模	经济效益	社会贡献	成长潜力
2015	0.015	0.001	0.015	−0.035
2016	0.015	0.000	0.017	−0.034
2017	0.018	0.004	0.005	−0.033
2018	0.017	0.000	0.015	−0.033
2019	0.014	0.000	0.016	−0.032

资料来源：笔者测算。

第五节 医药制造业与医疗服务业
耦合协调发展的趋势预测

在对 2003—2019 年两产业耦合协调发展水平测度的基础上，下面运用贝叶斯线性模型对医药制造业与医疗服务业的整体发展水平和耦合协调发展水平的发展趋势进行预测，进而为我国产业结构优化和产业发展战略制定等方面的研究工作提供理论参考。

一、贝叶斯线性模型

依据医药制造业与医疗服务业年平均综合发展水平的分布信息，本研究选取贝叶斯线性模型，对两产业的年平均发展水平进行预测，进而通过耦合协调度模型测度出未来的耦合协调水平。

贝叶斯线性回归模式是基于贝叶斯统计原理求解权重系数。相较于传统的频率统计学派，贝叶斯线性回归通过指定了数据的抽样分布与回归系数的先验分布，确定模型参数的后验分布。时间在每个模型中都是协变量。其中，y_i 为目标指标的 log 转换值，并假设分布情况如下。

$$y_i \sim N(\mu_i,\ \sigma_i^2) \tag{4.18}$$

式（4.18）中，条件均值 μ_i 为以下线性形式。

$$\mu_i = \beta_0 + \beta_1 x_i \tag{4.19}$$

式（4.19）中，x_i 表示时间，β_0 表示截距项，β_1 表示回归系数。本章将系数的先验信息设定如下。

$$\beta_0 \sim Normal(0,\ 0.0001)$$

$$\beta_1 \sim Normal(0,\ 0.0001)$$

$$\sigma^2 \sim Normal(0.0001,\ 100) \tag{4.20}$$

采用马尔科夫链蒙特卡洛（MCMC）算法，在两个链的估计参数的后验分布中获取 1000 个样本。为确保结果的稳健性，删除前 5000 次迭代，保持迭代次数直到诊断为收敛的输出。

二、医药制造业与医疗服务业耦合协调发展的预测趋势分析

本章基于 2003—2019 年的产业综合发展水平信息，采用贝叶斯线性回归模型分别对我国医药制造业与医疗服务业综合发展水平进行预测。

首先，对 2003 年及以后的趋势指标进行敏感性分析，轨迹图进行可视化检查，以评估 MCMC 输出的收敛性。当两个链的输出相似时，认为后验样本已经收敛。此外，采用 Gelman-Rubin 诊断统计量作为收敛性的定量度量。在这个诊断中使用了一个潜在的尺度缩减因子，其中接近 1 的值诊断收敛成功，大于 1.02 的值诊断收敛失败。本研究通过此方法研究发现 2003—2019 年我国医药制造业与医疗服务业发展水平的趋势均呈收敛现象。

其次，在分别对我国医药制造业与医疗服务业综合发展水平进行敏感性分析后，对两产业综合发展水平进行贝叶斯线性估计。由图 4-1 可知，我国医药制造业与医疗服务业综合发展水平均随着时间的推移呈增长趋势，其中，实线部分为对 2003—2019 年已有数据的拟合情况，实点为其实际情况，虚线部分为我国医药制造业与医疗服务业综合发展水平的预测结果，带宽部分为其 95% 置信区间。结果显示，我国医药制造业与医疗服务业综合发展水平在 2019 年后保持增长态势。

在对医药制造业与医疗服务业综合发展水平进行预测的基础上，进一步运用耦合协调度模型对两产业的耦合协调度进行预测，结果见表 4-10。由表 4-10 可知，2020—2029 年我国医药制造业与医疗服务业耦合协调发展水平呈现稳定增长趋势，在 2026 年达到良好协调状态。

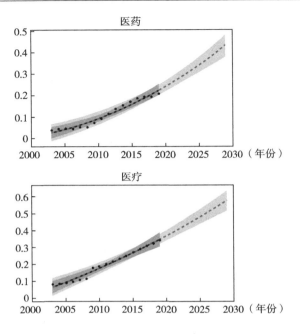

图 4-1　医药制造业与医疗服务业综合发展水平预测

注：图中曲线分别表示 2020 年及以后预测出的医药产业和医疗产业综合发展水平。

资料来源：笔者测算。

表 4-10　医药制造业与医疗服务业耦合协调度预测

年份	2020	2021	2022	2023	2024	2025	2026	2027	2028	2029
耦合协调发展水平	0.767	0.793	0.819	0.845	0.871	0.896	0.922	0.947	0.973	0.998

资料来源：笔者测算。

第六节　本章小结

本章基于医药制造业与医疗服务业的发展特征，首先，运用耦合协调度模型对两产业耦合下发展水平进行测度，并分别从总体、省域、区域三个层面进行具体分析；其次，采用 Tapio 指数系统考察了两产业耦合协调发展水平动态演进过程，并分析两产业的增速演变态势；再次，基于无模型自适应控制论的解耦实证分析，甄别出其中的障碍因子；最后，通过贝叶斯线性模型预测了两产业耦合协调发展水平。主要结论如下。

（1）两产业耦合协调发展水平逐年递增，省域和区域层面下的变动趋势与之类似，但区域间差异逐年增大。耦合协调发展水平较高的省份多集中在东部地区。结合两产业综合发展水平比值与耦合协调发展水平分析发现，2003—2008 年，两产业综合发展水平低是导致两产业耦合协调水平低的主要原因。在 2009 年后，两产业综合发展水平得到大幅提升，两产业间发展不均衡是两产业耦合协调发展水平增长缓慢的主要原因。

（2）根据 Tapio 指数与耦合协调度模型分析可知，医药制造业发展水平相对落后是制约两产业耦合协调发展的直接原因，两产业增速不匹配会阻碍两产业耦合协调发展。在 2009 年"新医改"前，两产业综合发展水平均不高导致其耦合度不高；2010—2016 年，一系列支持医药制造业发展政策的推行，促使医药制造业高速发展，不断缩小两产业综合发展水平差距，两产业间呈现逐步协调状态；2017—2019 年，医药制造业综合发展水平增速放缓，甚至出现逆增长，进一步扩大了两产业综合发展水平差距，从而阻碍两产业耦合协调发展。

（3）借鉴数学中的解耦思想，采用无模型自适应控制法，从医药制造业内部对制约两产业耦合协调发展的障碍因子进行解耦分析，发现医药制造业成长潜力低下是主要障碍因子。

（4）通过贝叶斯线性模型预测发现，2020—2029 年我国医药制造业与医疗服务业耦合协调发展水平呈现增长趋势，在 2026 年达到良好耦合协调状态。

第五章 医药制造业与医疗服务业 耦合协调发展的影响因素

当前在推进健康中国战略的大背景下，如何更好地实现医药制造业与医疗服务业的同步高质量发展，是我国现阶段高质量发展的重要任务，而探究医疗服务业与医药制造业耦合协调发展的影响因素对我国经济和健康产业发展均具有深刻意义。医药制造业和医疗服务业作为中国健康产业的核心组成部分，也是推动经济增长的"新引擎"。两产业的耦合协调发展程度越高，健康产业发展越稳健，国家竞争力就越强。而两者发展不协调，则会导致整个健康产业发展不平衡，抑制我国健康产业的可持续发展。前面章节已经从产业内、产业间分析了制约耦合协调水平的内在因素，那么，寻找外部环境中影响产业耦合协调发展的因素，并进一步测度各因素对产业耦合协调发展的具体影响程度是本章的关键所在。而研究结果不仅可以在促进产业转型升级的中观层面上提供参考，还能在政府制定引导产业发展的中长期宏观决策时予以帮助。鉴于此，本章运用空间相关性指数对两产业耦合协调度的空间相关性进行测度，在此基础上，运用空间杜宾模型探究影响因素的空间溢出效应，并运用地理探测器对两产业耦合协调发展的空间分异性进行分析。

第一节 理论模型与变量选择

医药制造业与医疗服务业是一个复合的产业间耦合协调系统，且影响因素众多，两者协调发展的过程不仅需要产业内企业升级发展，也需要产业间行业的积极引导，更需要外部环境的大力支撑。第四章通过解耦分析发现，医药制造业成长潜力低下是阻碍两产业耦合协调发展的主要因素，因此单纯依靠产业内企业自身升级发展无法促进两产业协同发展。通过测度 Tapio 指数，发现两产业间的驱动效果正逐渐下降，因而单纯依赖产业间的相互作用来促进耦合协调发展的效应也不显著。综上所述，单纯依赖产业内、产业间优化路径无法促进两产业达到良好的耦合协调状态，且考虑到医药制造业综合发展水平滞后是阻碍两产业耦合协调发展的主要原因，下面将研究视域范围扩大至外部环境，侧重从促进医药制造业产业规模及其综合发展水平角度选取影响因素，并对其作用机理进行探究。

一、影响因素及相关假说

固定资产投资是医药制造业在生产期间长期存在并永远需要的物质资料，是医药制造业企业进行生产的基本前提。固定资产包括以实物形态存在的机器、厂房、交通运输设施等。王晗（2016）等学者的研究成果均表明物质资本配置的增加直接影响制造业的生产规模，促进制造业综合发展水平的提升，从而促进制造业与其他产业的耦合发展水平。鉴于此，本研究提出以下假设。

假设 1：固定资本投资促进医药制造业与医疗服务业耦合协调发展。

教育投入能够通过人力资本、知识与技术扩散促进两产业耦合协调发展，但具体是否促进需要结合教育投入类型判定。教育投入主要通过两种途径来影响两产业耦合协调发展水平：一是改善现有的人力资本质量，使医药制造企业 R&D 的产出提高，知识溢出效应更加显著，因此，医药制造业能够以较低的成本获得科技成果正的外部性，降低企业创新投入成本，促进两产业耦合协调发展；二是教育投入通过提升医药制造企业的技术创新与技术模仿能力，提升制药企业生产水平，加深两产业交流、融合发展。金戈（2014）研究发现，只有对中学和大学教育加大投入才有利于提升制造业生产效率，而加大小学教育投入会降低制造业生产效率。医药制造业是技术密集型产业，对人才、技术创新要素的要求远高于一般行业，一般质量、低端技术人员无法满足医药制造业高质量发展的要求。只有当教育投入精准促进医药制造业制药、研发以及生物等领域创新，才能提升医药制造业的综合发展水平，促进两产业耦合协调发展。当对应的教育投入过少，无法形成维持现有增长水平的最低人力资本和知识技术增量时，会抑制医药制造业综合发展，进而影响两产业耦合协调发展。鉴于此，本研究提出以下假设。

假设2：教育投入对医药制造业与医疗服务业耦合协调发展影响不确定。

环境规制一般用环境污染治理投资占GDP的比值来表示。企业对环境治理的费用增加，证明环境规制力度在加大，在生产经营过程中，会增加企业的生产成本，从而抑制制造业综合发展水平的提升，从而加大两产业发展水平差距，进而抑制两产业耦合协调发展水平。吴敏洁（2019）研究发现，环境规制会抑制制造业的产业结构升级，进而抑制制造业综合发展水平的提升。鉴于此，本研究提出以下假设。

假设3：环境规制抑制医药制造业与医疗服务业耦合协调发展。

协同集聚是指医药制造业与医疗服务业在地理空间上实现共同聚集的现象。协同集聚通过共享劳动力市场、加强产业间供应商联系以及增加信息交换与创新机会来促进产业综合发展水平提升，从而缩小两产业发展水平差距，进而促进两产业耦合协调发展。协同聚集也会形成规模不经济，进而挤占城市交通、公共基础设施和服务等资源。规模不经济的拥挤效应会抑制产业集聚，使相关产业要素在空间上的分布离散化，进而抑制两产业耦合协调发展。张虎等（2019）研究发现，空间协同集聚具有非线性特征，会促进本地产业协调发展，抑制邻近地区产业协调发展。鉴于此，本研究提出以下假设。

假设4：空间协同集聚对医药制造业与医疗服务耦合协调发展具有正向影响。

良好的基础设施条件，有利于制造业生产要素集聚和流动，提升要素生产率，促进企业形成规模经济，且更容易吸引外部投资，降低企业的交易成本（杨孟禹和张可云，2015）。医药原材料的特性、高端医药仪器仪表的精准性对运输条件要求比较苛刻，所以，良好的基础设施建设不仅能够降低企业的运输成本，还能降低运输损耗，降低企业生产成本，促进形成医药制造业产业规模，提升医药制造业综合发展水平，进而提升其与医疗服务业的耦合协调发展水平。鉴于此，本研究提出以下假设。

假设 5：基础设施建设对医药制造业与医疗服务业耦合协调发展具有正向影响。

二、变量选择及说明

本研究在分析外部环境影响因素的影响机理后，进一步选取能够衡量各外部环境影响因素的代表变量，通过 2003—2019 年省级面板数据实证检验两产业耦合协调发展影响因素的作用机制。医药制造业与医疗服务业耦合协调度（D）衡量两产业耦合协调发展水平，作为被解释变量，具体数据为第四章的测算结果。同时，在参考现有耦合协调发展水平影响因素的研究基础上，选取固定资本投资、教育投入占比、环境规制、协同集聚以及基础设施建设等指标作为控制变量。

（1）固定资产投资（Investment in Fixed Assets，Inv）。本研究选取固定资产投资额占 GDP 总量的比值来衡量。

（2）教育投入占比（Educational Input，Edu）。医药制造业作为高技术产业，其发展需要高技术人员作为支撑，因此本研究选取教育支出占 GDP 的比重来衡量。

（3）环境规制（Environmental Regulation，Envir）。当前学者主要从环境治理支出与环境治理效果两个角度测度环境规制强度。本研究从治理支出角度出发，选取环境污染治理投资占 GDP 比重来衡量。

（4）协同集聚（Synergistic Aggregation，SA）。借鉴张虎等（2017）的做法，选取兼具协同集聚质量与深度的两产业协同集聚指数 SA 来衡量，具体算法见式（5.1）与式（5.2）。

$$LQ_{ij} = \frac{q_{ij}}{q_j} \bigg/ \frac{q_i}{q} \tag{5.1}$$

式（5.1）中，LQ_{ij} 是 j 省份 i 产业在区域的区位熵指数，q_{ij} 是 j 省份 i 产业的就业人数，q_j 是 j 省份医药制造业与医疗服务业的就业人数，q_i 是全国 i 产业的就业人数，q 是全国医药制造业与医疗服务业的就业人数。

$$SA = \left(1 - \frac{|LQ_{agman} - LQ_{agser}|}{LQ_{agman} + LQ_{agser}}\right) + |LQ_{agman}| + LQ_{agser}| \tag{5.2}$$

式（5.2）中，LQ_{agman} 是医药制造业的集聚指数，LQ_{agser} 是医疗服务业的集聚指数，SA 是医药制造业与医疗服务业协同集聚指数。在式（5.2）中，等号右侧第一项代表 SA 的质量，第二项代表 SA 的深度。SA 数值越大，两产业的集聚程度越高，协同性越显著。

（5）基础设施建设（Infrastructure Construction，IC）。为使各地区基础设施建设的存量具有可比性，本研究参考 Démurger（2001）的做法和我国的一般惯例，选择了道路密度作为衡量基础设施建设的指标。

三、数据来源

由于部分省份数据缺失，本研究选取 2003—2019 年全国除香港、澳门、台湾地区以外的 31 个地区作为数据样本。所有指标的原始数据来源于历年《中国第三产业统计年鉴》《中国财政年鉴》《中国统计年鉴》《中国农业统计年鉴》《中国卫生健康统计年鉴》等。各变量的描述性统计分析结果见表 5-1。

表 5-1　描述性统计分析结果

变量	个数	最小值	中值	均值	最大值	标准差
耦合协调程度	527	0.150	0.335	0.352	0773	0.133
固定资产投资	527	0.221	0.708	0.718	1.620	0.228
教育投入占比	527	0.194	0.480	0.540	1.860	0.234
环境规制	527	0.050	1.190	1.334	4.660	0.706
协同集聚	527	0.029	0.427	0.375	0.500	0.127
基础设施建设	527	9.795	102.551	145.206	902.393	159.195

资料来源：笔者测算。

第二节　耦合协调发展水平的空间相关性分析

两产业耦合协调发展程度是动态变化的，会在区域内相互影响。因此，在进行影响因素探究时，需要考察各地区医药制造业与医疗服务业耦合协调发展程度的空间相关性。本节采用全局与局部 Moran's I 指数来检验医药制造业与医疗服务业耦合协调发展水平是否存在空间相关性，若结果显著，则可运用空间计量模型。

一、空间权重矩阵及相关指数介绍

地理学的第一法则指出生物之间有关联，关联越大，联系就越密切。我们把 n 个地区的地理空间数据记为 $\{x_i\}_{i=1}^n$，其中 i 与 j 表示的是地区 i 与地区 j。把地区 i 与地区 j 之间的距离记为元素 w_{ij}，可得空间权重矩阵如下。

$$w = \begin{pmatrix} w_{11} & \cdots & w_{1n} \\ \vdots & \ddots & \vdots \\ w_{n1} & \cdots & w_{nn} \end{pmatrix} \tag{5.3}$$

式（5.3）中，主对角线上的元素 $w_{11} = \cdots = w_{nn} = 0$（相同区域的距离表示为 0）。

在对数据进行空间自相关检验或应用空间面板计量模型进行估计时，需要选用适合的空间权重矩阵，综观以往文献，目前被广泛使用的空间权重矩阵主要有 K-nearest 邻接矩阵、二进制邻接矩阵、地理距离矩阵。

本研究选取常见的空间邻接权重矩阵开展研究，空间邻接权重矩阵具体公式如下。

$$w_{ij} = \begin{cases} 1 & i \text{ 与 } j \text{ 相邻} \\ 0 & i \text{ 与 } j \text{ 不相邻} \end{cases} \tag{5.4}$$

式（5.4）中，$i, j = 1, 2, \cdots, n$，本研究 $n = 31$，代表不同省份。

空间相关性研究的是同一个变量在空间不同位置分布的相关性。目前，Moran's I 指数和 Geary's 指数是当前最主要的衡量空间相关性的指数。Moran's I 又分为全局 Moran's I 和局部 Moran's I。接下来，本研究按照全局、局部 Moran's I 指数和全局 Geary's 指数的顺序进行简要介绍。

1. 全局 Moran's I 指数

全局 Moran's I 指数的计算公式为：

$$\text{Moran's I} = \frac{n \sum\limits_{i=1}^{n} \sum\limits_{j=1}^{n} W_{ij}(x_i - \overline{x})(x_j - \overline{x})}{\sum\limits_{i=1}^{n} (x_i - \overline{x})^2 \sum\limits_{i=1}^{n} \sum\limits_{j=1}^{n} W_{ij}} \tag{5.5}$$

式（5.5）中，n 代表空间单元数目，x_i 和 x_j 分别代表 i 地区和 j 地区所考察变量的观测值，$\overline{x} = (\sum x_i)/n$ 代表所考察变量观测值的平均值。

2. 局部 Moran's I 指数

局部 Moran's I 指数的计算公式为：

$$\text{Local Moran's I} = \frac{n \sum\limits_{i=1}^{n} \sum\limits_{j=1}^{n} W_{ij}(x_i - \overline{x})(x_j - \overline{x})}{\sum\limits_{i=1}^{n} (x_i - \overline{x})^2 \sum\limits_{i=1}^{n} \sum\limits_{j=1}^{n} W_{ij}} \tag{5.6}$$

与全局 Moran's I 指数一样，x_i 和 x_j 分别代表 i 地区和 j 地区所考察变量的观测值。全局 Moran's I 和局部 Moran's I 两者存在一定的联系，其具体联系见式（5.7）。

$$\sum\limits_{i=1}^{n} \text{Local Moran's I} = n \times \text{Moran's I} \tag{5.7}$$

3. 全局 Geary's 指数

全局 Geary's 指数可以检验区域是否存在空间高值或是低值的集聚。Geary's 指数与 Moran's I 有相似之处，但不完全相同。具体公式见式（5.8）。

$$G = \sum\limits_{i=1}^{n} \sum\limits_{j=1}^{n} W_{ij} x_i x_j \Big/ \sum\limits_{i=1}^{n} \sum\limits_{j=1}^{n} x_i x_j \, (i \neq j) \tag{5.8}$$

Geary's 指数值介于 0~2。1 表示没有空间自相关。小于 1 的值表示正空间自相关增加，而大于 1 的值表示负空间自相关增加。

二、全局空间相关性分析

为了进一步考察我国各地区医药制造业与医疗服务业耦合协调发展水平的空间相关性，在构建空间计量模型之前，本研究基于空间邻接矩阵对医药制造业与医疗服务业耦合协调发展水平进行检验。本研究运用 Stata 软件对我国 2003—2019 年各地区医药制造业与医疗服务业耦合协调发展水平全局自相关性进行测算，结果见表 5-2。

表 5-2　2003—2019 年医药制造业与医疗服务业耦合协调发展水平空间自相关性检验

年份	空间邻接矩阵全局 Moran's I 指数	空间邻接矩阵 Geary's 指数
2003	0. 293***	0. 741***
2004	0. 313***	0. 723***
2005	0. 319***	0. 716***
2006	0. 314***	0. 712***
2007	0. 308***	0. 692***
2008	0. 313***	0. 688***
2009	0. 276***	0. 686***
2010	0. 282***	0. 682***
2011	0. 289***	0. 697***
2012	0. 280***	0. 698***
2013	0. 274***	0. 706***
2014	0. 255***	0. 720***
2015	0. 241***	0. 734***
2016	0. 234***	0. 736***
2017	0. 242***	0. 737***
2018	0. 244***	0. 745***
2019	0. 249***	0. 739***

注：***、**、*分别表示在 1%、5%、10%水平下显著。

表 5-2 显示，在空间邻接矩阵中，我国 2003—2019 年医药制造业与医疗服务业耦合协调度的全局 Moran's I 指数均为正，均通过显著性检验。说明我国医药制造业与医疗服务业耦合协调发展水平存在空间正相关性。空间正相关表明，相似的观测值趋于集聚分布。同时，我国医药制造业与医疗服务业耦合协调发展水平 Moran's I 指数在 0. 28 左右波动，表明空间相关性强度保持稳定波动。从地理距离权重矩阵 Geary's 指数中可以看出，2003—2019 年均通过显著性检验，Geary's 指数逐渐远离 1，全部通过显著性检验。说明我国医药制造业与医疗服务业耦合协调发展水平正空间自相关性增强。

三、局部空间相关性分析

全局 Moran's I 指数的测算结果显示，我国医药制造业与医疗服务业耦合协调发展水平在 2003—2019 年存在空间自相关性。为检验省域两产业耦合协调水平的空间差异程度，本研究利用 STATA 软件基于空间邻接权重矩阵测算 2003—2019 年各地区医药制造业与医疗服务业耦合协调发展水平的局部 Moran's I 指数，以 Moran 散点图进行分析。将 2003 年、2019 年结果列于图 5-1。

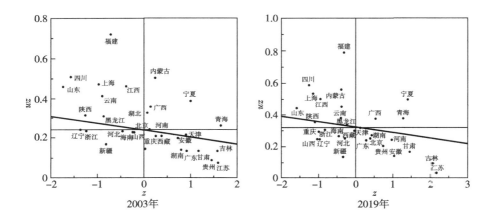

图 5-1 2003 年与 2019 年我国医药制造业与医疗服务业耦合协调发展水平聚集情况
资料来源：笔者测算。

Moran's I 指数散点图展示了局域空间医药制造业与医疗服务业耦合协调发展水平的空间布局演化过程。对比 2003 年与 2019 年局部 Moran's I 指数散点图可以发现，2019 年整体向第一象限移动，表明两产业耦合协调度在省域分布上呈现向正相关、同质分布演进的趋势，并且耦合协调度高高、低低值集聚的同质性类型数量明显多于高低、低高值集聚的异质性类型数量。

第三节　耦合协调发展影响因素的 空间溢出效应分析

基于两产业耦合协调度空间相关性，本研究考虑运用空间计量模型探讨耦合协调发展影响因素的空间溢出效应，为促进两产业高质量发展提供对策设计的理论参考。

一、空间计量模型的选择

空间面板计量模型是将空间效应纳入传统的面板计量模型，主要分为空间面板模型构建与空间面板模型检验两个步骤。

1. 空间面板模型构建

空间面板计量模型是将空间效应纳入传统的面板计量模型，当空间上的自相关性在空间面板计量模型中表现在被解释变量的空间滞后，则产生了在空间上相关的模型，该模型称为空间滞后模型 SLM（空间自回归模型，SAR），其数学形式见式（5.9）。

$$y_{it}=\rho w_i' y_i + x_{it}' + \mu_{it} + \varepsilon_{it}, \quad (i=1, \cdots, n; \ t=1, \cdots, T) \tag{5.9}$$

式（5.9）中，w_i' 为空间权重矩阵 w 的第 i 行，$w_i' y_i = \sum_{j=1}^{n} w_{ij} y_{jt}$，$w_{ij}$ 为空间权重矩阵 W 的 (i, j) 元素；而 u_i 为区域 i 的个体效应。如果 u_i 与 x_{it} 相关，则为固定效应模型。反之，则为随机效应模型。进行通常的 Hausman 检验决定固定、随机效应的选择。

$$\begin{cases} y_{it}=\tau y_i + \rho w_i' y_t + x_{it}\beta + d_i' X_t \delta + u_i + \gamma_t + \varepsilon_{it} \\ \varepsilon_{it}=\lambda m_i' \varepsilon_t + v_{it} \end{cases} \tag{5.10}$$

式（5.10）中，$d_i' X_t \delta$ 为解释变量的空间滞后项，d_i' 为相应空间权重矩阵 D 的第 i 行；γ_t 为时间效应；而 m_i' 为扰动项空间权重矩阵 W 的第 i 行。下面将对如何区分空间面板模型进行详细分类。

（1）如果 $\lambda=0$，则为"空间杜宾模型"（SDM 模型）。

（2）如果 $\lambda = 0$ 且 $\delta = 0$，则为"空间滞后模型"（SLM 模型）。

（3）如果 $\tau = \rho = 0$ 且 $\delta = 0$，则为"空间误差模型"（SEM 模型）。

2. 空间面板模型检验

Elhorst（2010）将 Hausman 检验扩展到了空间计量模型中，原假设为个体效应与解释变量之间不相关，即接受随机效应模型，检验的具体形式如下。

$$H_0 : h = 0 \tag{5.11}$$

$$h = d'\left[\operatorname{var}(d)\right]^{-1}d, \quad d = \left[\hat{\beta}'\hat{\delta}\right]'_{F\overline{E}} - \left[\hat{\beta}'\hat{\delta}\right]'_{R\overline{E}} \tag{5.12}$$

$$\operatorname{var}(d) = \sigma_{RE}^2(X_1'X_1)^{-1} - \sigma_{FE}^2(X_1^{*'}X^*)^{-1} \tag{5.13}$$

$$X^* = X - \overline{X}, \quad X_1 = X - (1 - \theta)\overline{X}, \quad \theta^2 = \sigma^2/(T\sigma_\mu^2 + \sigma^2) \tag{5.14}$$

Hausman 检验中统计量服从自由度为 $k+1$ 的卡方分布，若 h 超过临界值，则表示拒绝原假设，应选择固定效应模型，反之则选择随机效应模型。

另外，Elhorst 还将似然比 LR 检验应用于空间计量模型中。因此，可以得到 LR 统计量。

$$LR = -2 \times (\text{logliklag} - \text{logliklag}_{FE}) \tag{5.15}$$

原假设为接受混合效应模型，拒绝原假设则表明固定效应模型更为合适。

本研究运用空间面板模型对两产业耦合协调发展程度影响因素进行研究。式（5.16）、式（5.17）表示了基本的空间面板模型形式。

$$Y_t = \rho W_{1t} + EX_t\beta + EN_t\gamma + \varepsilon_t \tag{5.16}$$

其中：

$$\varepsilon_t = \eta + \phi W_{2t}\varepsilon_t + v_t, \quad t = 1, \cdots, \ t = 1, \cdots, \ T \tag{5.17}$$

式（5.16）、式（5.17）中，Y_t 代表一个 $N \times 1$ 的矢量，W_{1t} 和 W_{2t} 代表 $N \times N$ 的空间权重矩阵，这些空间权重矩阵对该模型来说是非随机且外因的（Non Stochastic and Exogenous），η 是总体影响向量，EX_t 是外生解释变量 p 的 $N \times p$ 矩阵（$p > 0$），EN_t 是一个关于 Y_t 的 q 外生解释变量的 $N \times q$ 矩阵。最后，假设 v_t 符合正态分布（$N(0, \Omega)$）。空间自回归系数 ρ 与 W_tY_t 代表了空间邻接权重的影响，其中：$[W_tY_t]i = \sum_{j=1\cdots N_t} w_t(d_{it}) \cdot Y_{jt}$。空间滞后项代表纳入空间邻接矩阵影响的 Y_t 变量。设 $W_{\min}$ 和 $W_{\max}$ 分别为空间矩阵 W 的最小和最大特征根，则假设该空间效应介于 $1/W_{\min}$ 和 $1/W_{\max}$ 之间。大多数空间

计量经济学文献将空间滞后限制在−1和+1之间。然而，这可能是有局限的，因为如果空间矩阵是行规范化的，那么最高的特征根等于个体（$W_{\max}=1$），但最小特征值可以大于−1，这将导致下界小于−1。

由于式（5.16）、式（5.17）是时间和个体自回归模型的组合，我们需要确保得到结果的过程是平稳的。如果 $(IN-\rho W_t)^{-1}|\alpha|<1$，这个过程协方差是平稳的。

二、耦合协调发展水平空间溢出效应的实证分析

为推动医疗服务业和医疗制造业耦合协调度的提升，在耦合协调的理论基础上，进一步实证分析其影响因素的空间溢出效应。本研究采用空间计量模型探究医药制造业与医疗服务业耦合协调度的影响因素，设立空间面板杜宾模型，见式（5.18）。

$$D_{it}=\rho WD_{it}+\beta x_{it}+\theta Wx_{it}+\alpha_i+\varepsilon_{it},\ i=1,\ \cdots,\ N,\ t=1,\ \cdots,\ T \qquad (5.18)$$

式（5.18）中，D_{it} 为第 i 区域 t 时期的医疗服务业与医药制造业耦合协调度，ρWD_{it} 为第 i 区域在 t 时期协调发展的空间滞后项，ρ 为空间滞后系数，代表着邻近区域协调发展与第 i 区域间的交互作用；x_{it} 为解释变量，β 为解释变量的回归系数向量，Wx_{it} 为周围地区解释变量对耦合协调发展的情况。$W=(W_{ij})$ 为空间权重矩阵，本研究采用邻接距离矩阵。N 为横截面数据样本，T 为时间维度，α_i 为固定效应。

经过对实证结果进行系列检验，本研究选用时间固定效应的空间杜宾模型展开研究，检验结果见表5-3。首先，采用 LM（Robust）检验，结果显示，相较于普通的 OLS，空间计量模型会更适合用于解释两产业的耦合协调度。

表5-3　空间计量模型选择结果

检验	空间邻接矩阵
Hausman test	129.350 ***
LM spatial lag	295.830 ***
Robust LM spatial Lag	139.681 ***
LM spatial error	184.492 ***

续表

检验	空间邻接矩阵
Robust LM spatial error	28. 343***
LR spatial lag	72. 220***
Wald spatial lag	72. 660***
LR spatial error	51. 630***
Wald spatial error	49. 780***

注：***、**、*分别表示在1%、5%和10%水平下显著。

资料来源：笔者测算。

其次，LR 检验的结果，否定了 $\lambda=0$ 且 $\delta=0$，式 $\tau=\rho=0$ 且 $\delta=0$ 的假设，这一结果表明 SDM 模型更合适。再进一步采用 Hausman 检验 SDM 模型固定效应与 SDM 模型随机效应哪一种更为合适。SDM 模型 Hausman 检验的 p 值小于 0.05，通过显著性检验，因此固定效应模型更为适用。因此，本研究选用固定效应的空间面板杜宾模型，对医疗服务业与医药制造业耦合协调度影响因素的空间溢出效应进行估计，估计结果见表5-4。

表5-4 空间面板杜宾模型医药制造业与医疗服务业耦合协调发展水平影响

模型结果	OLS	SAR	SEM	SDM
固定资产投资	0. 215***	0. 024***	-0. 012	-0. 004
教育投入	-0. 164***	-0. 063***	-0. 083***	-0. 082***
环境规制	-0. 030***	-0. 001	-0. 002	-0. 004
协同集聚	-1. 158***	-0. 433***	-0. 332***	-0. 308***
协同集聚^2	1. 088***	0. 736***	0. 626***	0. 538***
基础设施建设	-0. 00004	0. 0001***	0. 00007***	0. 00006***
常数项	0. 598***			
Spatial rho		0. 892***		0. 838***
lambda			0. 915***	
sigma2_e		0. 001***	0. 001***	0. 001***
Wx 固定资产投资				0. 058***
Wx 教育投入				0. 091***
Wx 环境规制				-0. 002

续表

模型结果	OLS	SAR	SEM	SDM
Wx 协同集聚				0.226
Wx 协同集聚^2				−0.699**
Wx 基础设施建设				−0.00005
N	527	527	527	527
$r2$	0.276	0.163	0.002	0.443
$r2\_w$		0.360	0.081	0.693
F	33.053			

注：*、**、***分别表示在10%、5%、1%水平下显著。

资料来源：笔者测算。

LR 检验的 p 值小于 0.05，通过显著性检验，表明选择时间固定效应空间 SDM 模型最合适。时间固定效应空间 SDM 模型结果见表 5-5。

表 5-5　时间固定效应空间 SDM 模型两产业耦合协调发展影响因素结果

指标	Coef.
固定资产投资	−0.023
教育投入	−0.125***
环境规制	−0.028***
协同集聚	−0.146
协同集聚^2	−0.0021
基础设施建设	−0.00003
Wx 固定资产投资	0.206***
Wx 教育程度	−0.148***
Wx 环境规制	−0.021***
Wx 协同集聚	2.275***
Wx 协同集聚^2	2.993***
Wx 基础设施建设	0.0001***

注：***、**、*分别表示在1%、5%和10%水平下显著。

资料来源：笔者测算。

为探究相关变量对耦合协调度的具体影响，采用偏微分方法对影响因素的效应进行分解。如表 5-6 所示，个体固定效应 SDM 模型分解结果中，除固定资产投资直接效应、协同集聚²的直接效应以及基础设施建设的直接效应不显著外，控制变量的剩余效应均通过显著性检验。除教育投入外，其他假设均通过，现对具体影响进行分析。

表 5-6　时间固定效应空间 SDM 模型两产业耦合协调发展水平效应分解

变量	空间邻接矩阵		
	直接效应	间接效应	总效应
固定资产投资	−0.014	0.236***	0.223***
教育投入	−0.132***	−0.199***	−0.331***
环境规制	−0.029***	−0.029***	−0.058***
协同集聚	−0.245*	−2.675***	−2.920***
协同集聚²	0.110	3.483***	3.593***
基础设施建设	−0.00002	0.0002**	0.0001*

注：***、**、*分别表示在 1%、5% 和 10% 水平下显著。

资料来源：笔者测算。

固定资产投资对医药制造业与医疗服务业耦合协调度的间接效应和总效应均显著为正。表明我国固定资产投资会促进邻近地区医药制造业与医疗服务业耦合程度的提高。本研究认为我国固定资产投资可通过扩大厂房、购买先进医药制造业设备等手段，直接增加医药制造业规模，提升其综合水平，从而提升医药制造业与医疗服务业耦合协调发展程度。这一结论也验证了前面提出的假设 1。

教育投入对医药制造业与医疗服务业耦合协调度的直接效应、间接效应和总效应均为负，都通过了 1% 显著性检验。表明区域内的教育投资增加会增加对该区域内医药制造业与医疗服务业耦合协调度的不利影响，对相邻区域的医药制造业与医疗服务业耦合程度也有负向作用。本研究认为，我国教育经费投入存在滞后性与非专一性，教育经费投入大多为基础教育，鲜少有直接针对医药研发、医药生产的教育投入，当前的教育投入并不足以为医药制造业研发提供持续、充足的高端医药技术人才，不利于医药制造业发展，进而不利于医药制造业与医疗服务业耦合协调发展。教育的滞后性并不能实时产生促进相关产业的作用。另外，在财政资金有限的情况下，教育投入的扩大势必会挤占其他领域的投入，且教育投入也并不是专门针对相关健康产业的人才培养投入，因此对两产业耦合协调度的直接与间接效应均为负。

环境规制对医药制造业与医疗服务业耦合协调度的直接效应、间接效应和总效应均为负，都通过了1%显著性检验，说明环境规制会抑制医药制造业与医疗服务业耦合协调度。环境规制的直接效应为负，且通过1%的显著性检验，说明环境规制对本地区医药制造业与医疗服务业耦合协调度的作用为负向，环境规制强度的提高会抑制医药制造业与医疗服务业的耦合协调发展。环境规制的间接效应为负，说明本地区的环境规制强度提高会抑制邻近地区医药制造业与医疗服务业耦合协调发展。环境规制强度越大，政府对环境管制要求越高，而医药制造业作为高污染行业，势必会加大环境治理费用，从而制约了制药企业的发展，扩大了两行业的整体发展水平差距，从而制约了两行业的耦合协调发展。这一结论也验证了前面提出的假设3。

协同集聚对两产业耦合协调发展的直接效应、间接效应以及总效应均为负，且通过显著性检验，协同集聚^{2}对医药制造业与医疗服务业耦合协调度的间接效应和总效应为正，且通过了1%显著性检验。表明协同集聚会抑制本地区以及邻近地区两产业耦合协调发展，具有非线性特征的协同集聚（协同集聚^2）会促进邻近地区的医药制造业与医疗服务业耦合协调度。该结论与张虎（2019）的相关结论一致，协同集聚具有非线性特征，对本地产业协调发展具有先弱化后增强的作用，但对相邻地区产业协调发展具有一定的虹吸效应。

代表城市发展水平的基础设施建设的间接效应与总效应为正，且通过显著性检验。说明我国基础设施建设水平增长会促进邻近地区的医药制造业与医疗服务业耦合协调发展。良好的基础设施建设可以缩短运输时间、降低运输成本、减少生产成本，提高企业竞争力和利润率。因此，相同性质的企业容易在基础设施建设条件好的地理位置聚集，进而显著提高了医药制造业产业综合发展水平，促进两产业耦合协调发展。这一结论也验证了前面提出的假设5。

第四节　耦合协调发展影响因素的
空间异质性分析

地区间不仅存在上一节研究的空间自相关性，还很可能同时存在空间分层异质性。中国地域辽阔，区域间的资源要素禀赋、社会经济环境、产业政策环境等皆存在差异，因此区位特征差异容易造成多个小范围区域的聚集现象，这种现象被称作空间异质性。而两产业的耦合协调水平则会因为空间异质性在区域间有所不同。为此，本节采用地理探测器研究空间异质性特征，以反映区位要素在两产业耦合协调发展过程中的具体作用，为之后建言献策提供参考。

社会、自然等要素皆会对医药制造业与医药服务业的耦合协调度产生影响，为减小误差，传统分析方法研究该类问题时需要提出很多假设。但是采用地理探测器（Geographical Detector）研究地理事物分布形成的机理，则可减少制约条件。地理探测器最初应用于地方性疾病风险影响因素的研究，主要由因子探测、风险探测、生态探测和交互作用探测四个部分组成。因子探测可以探测解释变量 X 多大程度上解释了被解释变量 Y 的空间分异；风险探测可用于判断两个分区之间的属性均值是否有显著的差别；生态探测可用于比较控制变量 X_1 和 X_2 对被解释变量 Y 的空间分布的影响是否有显著的差异；交互作用探测可用于识别不同风险因子之间的交互作用。为从空间分异角度测度影响因素对耦合协调发展水平的影响大小，本研究选择因子探测器展开相关研究。

1. 因子探测器

地理探测器核心思想是：影响医药制造业与医疗服务业耦合协调发展水平的相关因素在空间是否具有差异性，若其中某因素和医药制造业与医疗服务业耦合协调发展水平在空间上具有显著的一致性，则说明这种因素对医药制造业与医疗服务业耦合协调发展水平的空间异质性具有决定性意义。地理探测器中的因子探测部分主要是测度不同因子对某对象空间分布的不同影响力。影响因素的地理探测力值模型如下。

$$P_{X,U} = 1 - \frac{1}{n\sigma_U^2} \sum_{i=1}^{m} n_{X,i} \sigma_{U_{X,i}}^2 \qquad (5.19)$$

式（5.19）中，$P_{X,U}$ 为影响因素 X 的探测力值；$n_{X,i}$ 为次一级区域样本数，本研究按照东部、中部、西部地域划分为次一级区域；m 为次一级区域内样本数，即东部、中部、西部内部的省份数；n 为整个区域样本数，n = 31；σ_U^2 为整个区域医药制造业与医疗服务业耦合协调度的方差；$\sigma_{U_{X,i}}^2$ 为次一级区域的方差。$P_{X,U}$ 值表示影响因素 X 解释了 $P_{X,U} \times 100\%$ 的耦合协调度水平。$P_{X,U}$ 值大小介于 0~1，$P_{X,U}$ 值越大表示影响因素对医药制造业与医疗服务业耦合协调发展水平的解释力越强、关系越密切，反之越差。极端情况下，$P_{X,U} = 0$ 表示因子与耦合协调度没有关系。

2. 结果分析

空间数据在验证空间自相关性的基础上可以更进一步研究空间异质性。因此本小节从空间异质性角度出发分析各影响因素对医药制造业与医疗服务业耦合协调度的影响力大小，本研究选择 2003 年、2009 年、2016 年以及 2019 年医药制造业与医疗服务业耦合协调度数据，通过地理探测器方法中的因子探测器测度各影响因素对耦合协调度的影响力。所使用的相关变量为医药制造业与医疗服务业耦合协调度及其五个影响因素，即固定资产投资、教育投入、环境规制、协同集聚、基础设施建设。通过空间相关性测度和时空演变分析，发现两产业耦合协调发展水平与其地理区域均有强关联性，同时为了更好地分析地区分异性，将地理分区影响因素加入地理探测器模型中。地理分区因素为定性变量，根据国家统计局对东部、中部、西部三大区域的划分方式，将 31 个省份分为东部、中部、西部地区。遵照数据可获得性和学理判断原则，采用等通过距离法（EI）、百分位数值法对 5 个影响因素进行等级区分，然后利用 R 包中的地理探测器软件 Geodetector 计算出每个影响因子对两产业耦合协调发展水平的驱动力强度（见表5-7）。

表 5-7　地理探测器测度结果

年份	分区	固定资产投资	教育投入	环境规制	协同集聚	基础设施建设
	$P_{X,U}$	$P_{X,U}$	$P_{X,U}$	$P_{X,U}$	$P_{X,U}$	$P_{X,U}$
2003	0.503	0.111	0.054	0.109	0.462	0.167

年份	分区	固定资产投资	教育投入	环境规制	协同集聚	基础设施建设
	$P_{X,U}$	$P_{X,U}$	$P_{X,U}$	$P_{X,U}$	$P_{X,U}$	$P_{X,U}$
2009	0.506	0.197	0.420	0.204	0.312	0.406
2016	0.422	0.331	0.433	0.158	0.350	0.505
2019	0.464	0.257	0.365	0.268	0.436	0.499

资料来源：笔者测算。

地理探测分析表明两产业耦合协调发展水平与地理分区因素相关。在2003年、2009年、2016年和2019年四个时间点上，地理分区因素对两产业耦合协调发展水平的探测解释力 $P_{X,U}$ 值分别为0.503、0.506、0.422和0.464，这表明地理分区会影响医药制造业与医疗服务业耦合协调发展水平，但影响效果在下降。网络诊疗平台、医药一体化管理平台等产品兴起，削减了地理位置对产业发展的影响，进而导致地理分区对耦合协调度影响力下降。

在2003年、2009年、2016年和2019年四个时间点上，固定资产投资对两产业耦合协调发展水平的探测解释力 $P_{X,U}$ 值分别为0.111、0.197、0.331和0.257，这表明固定资产投资对医药制造业与医疗服务业耦合协调发展水平空间格局有影响，且影响效果波动提升。固定资产投资可以直接提高医药制造业产业规模，缩短两产业综合发展水平差距，进而提高两产业耦合协调发展水平。在2016年后，两产业综合发展水平差距大是制约两产业耦合协调发展的关键障碍因素，固定资产能直接提升医药制造业综合发展水平，促进耦合协调发展，因此固定资产投资对两产业耦合协调发展水平的空间分布影响力度在2016年达到最大。

在2003年、2009年、2016年和2019年四个时间点上，教育投入对两产业耦合协调发展水平的探测解释力 $P_{X,U}$ 值分别为0.054、0.420、0.433和0.365。这说明教育投入对耦合协调发展水平的空间格局具有影响。教育投入通过吸引医学院学生、初级卫生员等医疗服务人员，改变医疗服务业集聚程度，改变该地区两产业耦合协调发展水平的空间格局。

在2003年、2009年、2016年和2019年四个时间点上，环境规制强度对两产业耦合协调发展水平的探测解释力 $P_{X,U}$ 值分别为0.109、0.204、

0.158 与 0.268。这表明环境规制一定程度上能影响耦合协调发展水平的空间格局。

在 2003 年、2009 年、2016 年和 2019 年四个时间点上，协同集聚对两产业耦合协调发展水平的探测解释力 $P_{X,U}$ 值分别为 0.462、0.312、0.350 与 0.436，呈现"凸"型特征，这表明产业协同集聚一定程度上能明显影响耦合协调发展水平的空间格局。

在 2003 年、2009 年、2016 年和 2019 年四个时间点上，基础设施建设对两产业耦合协调发展水平的探测解释力 $P_{X,U}$ 值分别为 0.167、0.406、0.505 与 0.499，这表明基础设施建设一定程度上能明显影响耦合协调发展水平的空间格局。

第五节 本章小结

在产业协调发展和新经济地理学研究视角下，本章从理论分析和实证分析两个层面研究了医药制造业和医疗服务业耦合协调发展的影响因素。首先从外部环境分析了驱动耦合协调发展的五大因素及其作用机制，其次采用全局与局部 Moran's I 指数、空间面板计量模型、地理加权回归模型及地理探测器等定量分析了其空间相关性、空间溢出效应及空间异质性。得出以下结论。

（1）基于 Moran's I 指数分析医药制造业和医疗服务业耦合协调发展的空间相关性。从全局来看，医药制造业与医疗服务业耦合协调度存在显著的正空间相关性；从局部来看，在医药制造业与医疗服务业协调发展水平的集聚演进过程中，大部分省份朝第一象限移动，且分布状态基本稳定，空间相关性逐渐增强。

（2）运用空间计量模型对医药制造业与医疗服务业耦合协调发展的影响因素进行回归分析。Hausman 检验估计结果表明选择固定效应模型；LM 检验结果表明选择空间效应模型。进一步估计空间效应模型时，Wald 和 LR 检验结果表明选择 SDM 模型。最后通过 LR 检验，最终选择时间固定效应

SDM 模型探究两产业耦合协调发展的空间溢出效应。模型估计结果表明，固定资产投资、具有非线性特征的协同集聚以及基础设施建设会促进邻近地区两产业耦合协调发展，教育投入与环境规制会抑制本地区、邻近地区两产业耦合协调发展。

（3）运用地理探测器来探讨医药制造业和医疗服务业耦合协调发展影响因素的空间异质性特征，结果显示各影响因素均对两产业耦合协调发展水平的空间格局有影响。固定资产投资、教育投入、环境规制、协同集聚与基础设施建设的影响是不可忽视的，其中固定资产投资、协同集聚以及基础设施建设均对两产业耦合协调发展的空间分布有较大影响。

第六章　医药制造业与医疗服务业耦合协调发展的健康效应测度

健康是个人全面发展的先决条件，也是人民对美好生活最普遍的需求。当前，中国面临着复杂的形势，即多重疾病威胁和多种影响健康的因素交织，以及发达国家和发展中国家的卫生与健康问题。推进全民健康水平稳步提升是医药制造业与医疗服务业发展追求的共同目标，而两产业耦合协调发展是实现这一目标的有效途径。在实现该目标的过程中，医药制造业要利用医疗服务业对其的驱动作用，创造与居民健康需求相适应的医药产品和医疗器械供给环境，为两产业耦合系统持续发展提供必要保证。同时，医药制造业的良性发展也能为医疗服务业的持续发展提供物质基础。那么，中国居民健康水平现状如何？是否存在区域差异？医药制造业与医疗服务业耦合协调发展是否对居民健康水平的提高有促进作用？作用方向与大小如何？基于这些问题，本章首先分析中国居民健康水平现状；其次分析医药制造业与医疗服务业耦合协调发展促进居民健康水平提升的内在机理；最后运用贝叶斯模型平均方法检验医药制造业与医疗服务业耦合协调发展对居民健康水平的影响。

第一节　耦合协调发展对健康影响的理论分析

自我国改革开放以来，居民获得医疗卫生服务的机会大大增加，健康状况得到了有效改善。特别是近年来随着卫生体制改革的逐步深入和医疗卫生投入的持续加大，人口预期寿命从 1990 年的 69 岁提高到 2019 年的 77.3 岁，5 岁以下儿童死亡率从 1990 年的 53.9‰下降到 2020 年的 7.5‰，孕产妇死亡率从 1990 年的 94.7/10 万下降到 2020 年的 16.9/10 万。全面了解居民健康状况进而了解居民对医药产品和医疗服务的需求，对推动医药制造业与医疗服务业的高质量耦合协调发展具有重要的意义。

一、健康概念及测度

基于大多数研究者的思路，本研究将居民健康水平作为衡量耦合协调发展水平"健康效应"的维度，选择"医药制造业与医疗服务业耦合协调发展水平"为核心解释变量，以分析健康效应受两产业耦合协调发展影响程度的高低。健康既是一个普遍的概念，也是一个复杂的概念，因为它包括许多因素，如身体、心理、社会和环境。正如世界卫生组织 1946 年所定义的："健康不仅仅是不处于虚弱的状态或是未受到疾病的困扰，而是身心处于良好状态。"在此基础上世界卫生组织制定了 10 个社会所接受的衡量和评估健康的标准，如精力充沛、食欲旺盛、应变能力强等。世界卫生组织把健康的定义和标准从生物角度扩大到精神和社会关系角度，包括个体身体、心理、家庭和社会方面，是一种多维度的健康衡量方法。在实践研究中，健康作为一个抽象的理论概念，其固有的多维特征加上人体结构和功能的复杂性，使健康的衡量和量化非常困难，难以找到一个准确并且全面的指标来具体地描述健康状况。

居民健康水平是指居民的健康状况。目前，有三类指标常用于评估居民的健康状况，即客观健康指标、主观健康指标和综合性健康指标。下面概述了这三类健康指标的优点和缺点。

第一，客观健康指标具有客观和全面的优势，但无法展现居民个体的特性信息。在对健康和经济增长的宏观分析研究中，通常以医疗卫生资源和服务的指标来度量健康，如医院床位数、医生数量、政府卫生支出和卫生总费用。在流行病学研究领域，人体生理指标（Anthrop om Etric Variables）、存活率/死亡率指标（Surviving or Mortality）、发病率指标（Morbidity）、日常生活活动能力指标（Activities of Daily Living，ADL）被用来反映居民的健康状况。与预期寿命和其他健康指标相比，人口死亡率更加敏感和直接，是较为适合作为衡量居民健康状况的指标（彭浩然等，2013）。

　　第二，主观健康指标主要是指那些在制定和使用指标测算中受到主观因素影响而使个体间有差异的健康特性，但数据客观程度较低。自我健康评价指标（Self-Evaluation of Health，SEH）是基于个体对自身健康的心理定位和与他人比较之后所作出的主观评估，是目前研究中使用频率最高的主观性居民健康度量指标。一方面，与其他健康指标相比，具有较高的数据可得性，可以用来综合评估和衡量个人的整体健康状况；另一方面，自评健康容易受到主观偏见和其他社会经济指标的影响，反映个人的健康状况缺乏真实性，同时离散变量的属性也使解释模型估计结果增加了难度。中国的许多专家和研究人员倾向于使用自评健康指标来研究健康、收入和经济增长之间的关系。例如，刘国恩等（2004）利用基于 1991～1997 年"中国健康营养调查"的数据，将健康的人力资本通过使用自评健康指标的方式引入家庭收入函数，并运用回归分析讨论两者的内在关系；齐良书（2006）利用中国九个省份的面板数据，将健康以自评健康状况表征，并分析了健康和家庭人均收入之间的关系，结论是健康和收入的关联程度存在城乡和职业差异。

　　第三，综合性健康指标是先将主客观指标组合，再经过赋权将两类组合成一个指数以反映健康水平，但在赋权方法的选择上具有一定的难度。质量调整生命年（Quality - Adjusted Life - Year，QALY）、健康寿命年（Health-Life Year，HLY）、失能调整生命年（Disability-Adjusted Life-Year，DALY）等健康损失类指标，以及预期寿命（Life Expectancy）、健康期望寿命（Active Life Expectancy）都是衡量居民健康状况常见的综合性指标。例如，DALY 指标是由世界银行在《1993 年世界发展报告：投资于健康》中首次提出的，它是衡量整体人口健康状况的综合性指标。其基本原则是根据年龄导致的收入能力水平差异，对各种疾病和残疾造成的寿命损失和机体失能程度赋值，把时间作为单位对个体生命数量和生命质量进行综合度量，也是对因疾病死亡和残疾而损失的健康生活年限的综合衡量。虽然该指标在一定程度上能综合衡量居民健康水平，但对失能程度的界定以及赋值大小是该指标在实际运用过程中的难点。

综上所述，居民健康的内涵丰富而复杂，在国际上，通常采用人均预期寿命、婴儿死亡率和孕产妇死亡率来衡量一个国家或地区居民健康水平。而对现有相关文献梳理后发现，宏观经济研究中常选择人口死亡率、新生儿死亡率、婴儿死亡率、五岁以下儿童死亡率、孕妇死亡率、人均预期寿命、传染病发病率等指标衡量居民健康水平。考虑到本研究属于健康经济学与卫生政策研究领域，从宏观层面研究医药制造业与医疗服务业耦合协调发展对居民健康水平的影响，且侧重于健康度量指标的全面性与综合性，因此，本研究借鉴王俊等（2007）的研究，选取国际上通用的人口死亡率来衡量一个国家居民的健康水平，以此反映健康效应水平。

二、耦合协调发展对健康的影响机理

1. 耦合协调发展促进健康效应

促进医药制造业与医疗服务业协调发展的最终目标是提高居民的健康水平。从两产业协调发展到提高居民健康水平，这一过程既有直接因果关系，也有间接转化关系。医药制造业作为直接影响居民健康水平的重要部门，与医疗服务业的良性互动既可以提高其自身综合水平，又能够提高药品和医疗服务的质量。同时，通过实施产业协同创新，二者之间的互动还能间接影响居民的健康水平。其具体作用机理如下。

第一，两产业耦合协调发展促进两产业综合水平提升，促进居民健康水平提高。两产业耦合协调发展能够促进医药制造业发展。医疗服务业能够更加高效地、精准地给制药企业提供对口的科研人员，提高制药企业的软实力，提升制药企业的生产效率。同时，在两个产业耦合协调程度较高的地区中，制药业服务化水平也相对较高。医用药品制造行业可以满足居民定制化、弹性化、便捷化的健康需求，通过产品的异质性，进一步满足互联网经济对长尾产品的需求以进入"蓝海区域"和拓展其利润空间。服务化水平高的制药企业还可以更准确地选择生产原料和生产计划，提高药品质量，改善药品的不良反应。二者的耦合协调发展有效地促进了医疗服务业的全面发展。医疗服务业和制造业之间的互动已逐渐进入分工详细化和高度专业化的成熟阶段。制药企业为医疗服务业提供的高质量药剂，直接提升医疗服务的质量，优化医疗服务业的服务过程，促进医疗服务业综合发展，提高医疗资源的可及性，提升居民的健康水平。

第二，两产业耦合协调发展通过产业间协同创新，改善健康产品供给质量，促进居民健康水平的提升。医药制造业和医疗服务业的耦合协调是围绕创新展开的，两者相互依赖、互动的关系体现在生产活动创新与过程创新中彼此激发、互为因果上。制药企业应该以医疗服务业的科研成果为中介，加强与创新主体联系的广度和紧密程度以提高创新效率和创新溢出水平；医疗服务业的内部因素相互关联、相互补充，极易形成内部自发展机制，应该更紧密地关联医药制造业，积极在实践中应用其创新成果。

2. 耦合协调发展抑制健康效应

综上所述，目前医药制造业与医疗服务业耦合协调发展的主要障碍是医药制造业综合发展水平滞后，而随着两产业耦合协调发展水平的提升，医药制造业综合发展水平必然大幅提升。然而，医药制造业是一个污染物排放量大、成分复杂的行业，对环境的影响程度较为严重。但是现阶段我国污染处理能力有限、环境监测水平低，导致大量污染物以废水、废气、废渣等形式进入环境，对环境质量和人类健康产生不利影响，也使健康效应受到抑制。

（1）污染物排放量大，污染严重。传统的医药制造业由于其所采用的主要原料为天然原料，产品也是通过传统工业来进行生产的，因此，这种制药方法对环境的污染程度相对较小，但是其生产效率低，且由于制药材料的限制而很难满足居民日益增长的对医药产品的需求。进入 21 世纪后，由于工业化程度的不断加快，使合成药物成为医药制造业发展的主要趋势，但是合成药物主要是通过不同化学物质之间的反应来进行生产的，虽然在生产效率方面有很大的提升，但是大量的使用化学物质会对环境造成一定的破坏，使较多的废水、废气和固体废弃物排放到环境中。

（2）污染治理困难，环保投入有限。相对于我国医药制造企业"三废"的高排放、高污染，医药制造企业现有的污染处理能力明显不足。其一，随着居民对健康需求的不断增加，我国医药产品的总量不断扩大，从而产生更多"三废"。其二，由于医药产品种类繁多，医药制造业在生产过程中势必产生种类繁多的污染物，各种污染物成分不同且毒性相互叠加，进一步加大了污染处理的难度。部分医药制造业虽然加装了污染处理设备，去除了90%以上的污染，但仍然难以做到排放达标，因此总体治理难度较大。其三，处理"三废"的高昂费用也是影响医药制造业排放达标的重要原因之一。此外，由于处理工艺步骤多、能耗大，处理药剂使用量大，医药制造废水的处理成本高昂。这对我国医药制造业，特别是利润较低、"三废"量较大的原料药生产企业是个不小的负担。为节省运营成本，部分医药制造企业不惜铤而走险，治污设施非正常运转，偷排、超标排放时有发生。

（3）环境监测不充分，超标排放普遍。医药制造业是主要的污染源和能源消耗源，因此需要重点接受环保部门的监督。然而，尽管生态环境部在2010年发布了各类制药工业水污染物排放标准，提高了国家对医药制造污水排放的要求，并与国家发展和改革委员会、工业和信息化部等九部委联合发布了《关于2012年深入开展整治违法排污企业保障群众健康环保专项行动的通知》，但医药制造业污染所产生的环境问题发生率依旧很高，污染超标排放仍频频发生。

综上所述，医药制造业与医疗服务业耦合协调发展虽然并未直接对居民健康水平产生影响，但其通过多种渠道、不同方式都对居民健康产生了影响。

三、构建包含耦合协调度的健康生产函数

Grossman为探讨影响健康水平的因素，根据健康需求模型的特点将教育水平、医疗服务、运动、生活方式、居住环境、饮食习惯和环境质量等因素纳入函数模型，创建了健康生产函数。在此模型理论的基础上，Filmer引入了经济因素、政府卫生财政支出、医疗保险等宏观层面的因素，构建了总体的宏观健康生产函数，将健康生产函数所使用的个人因素转化为一组代表环境、社会和经济等变量的因素，探究不同宏观因素对人口健康的影响。王俊和昌忠泽（2007）在Grossman模型的基础上，根据中国国情将个体因素变量转化为经济、教育、健康和社会等因素变量，构建了中国第一个宏观健康生产函数；其中，医疗卫生要素投入对国民健康水平的效应在不同的历史时期有显著差异。

本研究从宏观层面探究产业耦合协调发展水平对健康效应影响情况，结合中国的具体情况，构建包含医药制造业与医疗服务业耦合协调发展水

平的健康生产函数，分析两产业耦合协调发展水平的健康效应。

健康生产函数的抽象形式为：

$$H = F(X_1, X_2) \tag{6.1}$$

式（6.1）中，H 表示居民健康水平；X_1 表示医药制造业与医疗服务业耦合协调发展水平；X_2 表示其他控制变量。

假定健康生产函数采用柯布-道格拉斯生产函数的形式，则有：

$$H = X_1^{\alpha} \cdot X_2^{\beta} \tag{6.2}$$

式（6.2）中，α、β 分别为医药制造业与医疗服务业耦合协调发展水平的弹性系数、其他控制变量的弹性系数。

假定规模报酬不变与市场完全竞争，对式（6.2）两边取对数，得到：

$$\ln H = \alpha \ln X_1 + \beta \ln X_2 \tag{6.3}$$

式（6.3）即本研究构建的健康生产函数。

第二节　健康水平的现状分析

一、健康水平的国际比较

鉴于本研究选取人口死亡率来衡量居民的健康水平，代表健康效应。本研究将 1978—2020 年美国、日本的人口死亡率与我国人口死亡率进行对比（见图 6-1）。从整体上来看，我国居民的人口死亡率低于日本等国家，表明我国居民健康水平要好于其他国家的平均水平。本研究认为其原因可能有以下三个方面。

一是社会主义制度的优越性。2020 年，一场突如其来的新冠病毒感染疫情在我国暴发，这种病毒传播速度之快、死亡率之高，令世人瞩目、为之胆寒。为了防控阻击病毒扩散和蔓延，党中央采取了最果断、最全面、最严格、最灵活、最坚决、最彻底的防控举措，决定于 2020 年 1 月 23 日对拥有 1400 万人口的武汉市进行了封城，在全国范围内打响了一场疫情防控的人民战争、总体战、阻击战。新冠病毒感染疫情暴发以来，截至 2023 年

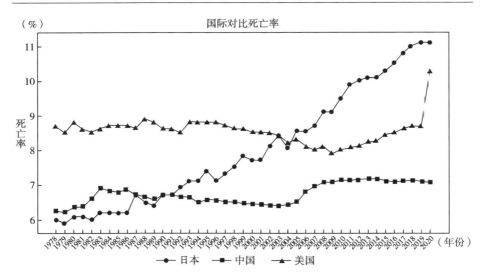

图6-1　1978—2020年居民健康水平国际比较

资料来源：世界银行数据平台。

1月19日，我国在院新冠病毒感染相关死亡病例为72596例（资料来源：中国国家卫健委统计）。而当西方发达国家和地区暴发新冠病毒感染疫情时，如美国、日本、意大利等国均束手无措，政令不通、人民抵亢情绪蔓延，导致疫情一发不可收拾。《今日美国》2023年5月报道，截至当时，美国的新冠病毒感染死亡人数已经超过了113万人（资料来源：CCTV新闻报道）。高死亡率、高感染率、医疗资源的不足，个别西方国家和地区甚至放弃救治老人，也逐渐放弃了控制疫情。越来越多的海外华侨不惜高价购买机票辗转回到中国。在这场没有硝烟的战斗中，中国特色社会主义制度的优越性得到了充分显现。

二是人口老龄化的因素。我国的人口老龄化规模和比重远远低于日本、美国等国家和地区，美国在1940年就进入老龄化社会，日本于1970年也进入老龄化社会，老龄化的加剧势必带来人口死亡率的增长。

三是人口自然增长率的因素。2020年日本人口增长率为-0.2%，低增长率甚至负增长率也是造成日本、美国等国家和地区居民人口死亡率高的原因。

二、健康水平发展历程

为进一步探究我国居民健康水平的变化程度及变化趋势，本研究对发展历程及区域差异进行探究。

1. 全国居民健康水平发展历程

图 6-2 显示，从中华人民共和国成立到 1979 年，虽然个别年份出现较大反弹，但整体来看，我国居民健康水平逐步上升，人口死亡率从 1949 年的 20‰下降到 1979 年的 6.21‰，且在 2008 年前一直低于 7‰。2008 年人口死亡率突破 7‰后呈现逐年上升趋势；到 2011 年达到 7.14‰，随后在小幅波动中趋于平稳；2020 年的人口死亡率为 7.09‰，较最低年份 1979 年的 6.21‰增长了 0.88 个百分点。这一结果表明，改革开放 40 多年来，我国的居民健康水平呈现出下降趋势。

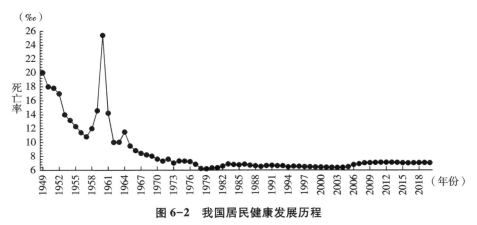

图 6-2　我国居民健康发展历程

资料来源：历年《中国统计年鉴》。

自改革开放以来，我国在医疗卫生领域取得了长足的发展。根据相关中国卫生统计年鉴，1978 年我国卫生总费用为 110.21 亿元，其中政府卫生支出 35.44 亿元；2020 年卫生总费用为 72306.4 亿元，其中政府卫生支出 21998.3 亿元。2020 年卫生总费用是 1978 年的 656 倍，政府支出是 1978 年的 620 倍。然而衡量我国居民健康水平的人口死亡率却仍停留在 20 世纪 70 年代初期，究其原因，本研究认为，不断恶化的生活环境、源于生活和工作带来的精神紧张以及不良生活习惯等都是导致居民健康水平不断下降的主要原因。此外，我国人口老龄化趋势加剧，这也可能是造成居民健康水平下降的原因。

2. 区域居民健康水平发展趋势

本研究通过核密度函数从整体上刻画居民健康水平的位置、峰度以及形状特征；其中，位置左右平移代表居民健康水平的变动幅度，峰度代表居民健康水平趋异或两极分化的程度，形状代表居民健康水平的敛散程度（见图6-3）。

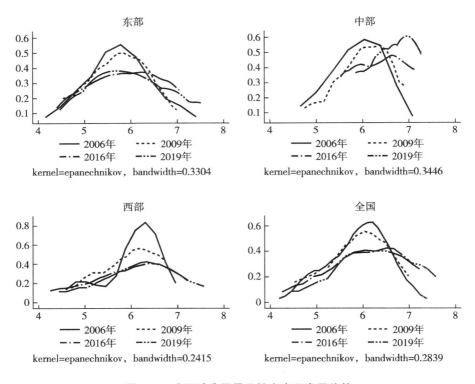

图6-3 分区域我国居民健康水平发展趋势

资料来源：历年《中国统计年鉴》。

核密度图位置均向右平移说明居民死亡率上升、健康水平下降，这在中西部都有类似的特征，但东部位置变化不明显。居民健康水平的峰度由尖峰变为宽峰，尤其全国、东部和西部由2006年的尖峰转变为2016年、2019年的宽峰，峰度变化较为明显，说明各地区居民健康水平的差距正在拉大。图 6-3 中左端至中间部分面积均逐年减少，而右端部分面积均逐年增加，说明居民健康水平的发展速度较快。从形状上看，核密度呈左偏分布特征，2004 年协调发展的核密度图呈现尖峰，尤其在中、西部较为明显；而在 2016 年则呈现多峰，说明出现了多极分化现象，居民健康水平的两极分化现象在减弱。综上所述，我国省域居民健康水平下降，居民健康水平发展速度较快且区域间差距加大。

第三节　基于贝叶斯模型平均的
耦合协调度对健康影响的测度

由于影响居民健康的因素众多，传统的计量模型往往存在模型解释变量的不确定性，变量之间的多重共线性导致的交互作用会导致显著性受到影响，使研究者难以确定哪些变量应该被纳入模型，以及估计结果的可信程度如何。在本研究中，利用贝叶斯模型平均方法能够有效克服模型的不确定性问题，使估计结果更加稳健和可靠。因此本研究从环境、社会、经济差异等层面选取影响健康效应的影响因素，对影响因素的有效性和稳健性进行识别和检验。

一、模型选取

贝叶斯模型平均（Bayesian Model Averaging，BMA）是一种依据贝叶斯理论将模型不确定性考虑在内的统计模型。在传统的线性回归模型中，如何选择最优模式是实证的难点，也是争议点。贝叶斯模型平均是一种模型综合的方法，模型本身并不具体选取单一最优模型，而是依据模型内变量的信息特征，将一切备选模型按贝叶斯原理估计出模型权重并加以平均，最后依据概率大小确定入选的变量组合。

现对贝叶斯模型平均原理及其关键信息确定进行介绍。

1. 贝叶斯模型平均原理

贝叶斯模型平均的基本思想是，对各个备选模型参数的后验估计概率进行加权平均，根据概率大小选择所需变量组合。

对于经典的多元线性回归模型：

$$y_i = \alpha + \beta_1 x_{i1} + \beta_2 x_{i2} + \cdots + \beta_k x_{ik} + \varepsilon_i \ (i = 1, \cdots, n) \tag{6.4}$$

式（6.4）中，α，β_1，β_2，$\cdots$，β_k 为模型的回归系数，$\varepsilon_i \sim N(0, \sigma^2)(i = 1, \cdots, n)$。由于居民健康影响因素的复杂性，在 k 个回归元 x_{i1}，$\cdots$，x_{ik} 中选择显著性变量时经常遇到不确定性，即模型的不确定性问题。从 x_{i1}，$\cdots$，x_{ik} 中任选 $k_j(0 \leqslant k_j \leqslant k)$ 个变量，构成一个由模型 M_j 确定的子回归模型：

$$M_j: l_n\alpha + X_j\beta^j$$
$$y = l_n\alpha + X_j\beta^j + \varepsilon \quad \varepsilon \sim N(0, \sigma^2 I_n) \tag{6.5}$$

式（6.5）中，l_n 是由 l 构成的 n 维列向量，X_j 是任意 k_j 个回归元构成 $r \times k_j$ 矩阵，β^j 是对应的 k_j 维列向量构成的回归系数。显然，M_j 可能候选模型的个数为 $J = 2^k$ 个。那么，如何在众多的模型中选择最优的模型？或者说，如何在 k 个解释变量中选择最优的变量组合？

在样本 $y = (y_1, \cdots, y_n)^T$ 给定的条件下，计算模型式（6.5）中的参数向量 $\beta = (\beta_1, \cdots, \beta_k)^T$ 的条件概率密度函数 $p(\beta/y)$ 为：

$$p(\beta/y) = \sum_{j=1}^{J} p(\beta^j/y, M_j) p(M_j/y) \tag{6.6}$$

式（6.6）中，$p(M_j/y)$ 表示给定 y 的条件下模型（6.6）中 $M_j(j = 1, \cdots, J = 2^k)$ 的后验概率，$p(\beta^j/y, M_j)$ 表示在 y 和 M_j 给定的条件下参数向量 β^j 的后验概率。根据 Koop 等（2007）[①] 的思路，下面分别计算式（6.6）中的 $p(\beta^j/y, M_j)$ 和 $p(M_j/y)$。

步骤一：计算 $p(\beta^j/y, M_j)$。假设参数 α 和 σ 为无信息先验，即 $\alpha \propto 1$，于是 $\sigma \propto \sigma^{-1}$ 由式（6.6）的假定可得 M_j 对应的似然函数为：

$$p(y/\beta^j, \sigma, M_j) = (2\pi\sigma^2)^{-n/2} \exp\left[-\frac{1}{2\sigma^2}(y - X_j\beta^j)'(y - X_j\beta^j)\right] \tag{6.7}$$

进一步假定参数 β^j 的先验分布为：

$$\beta^j/\sigma, M_j \sim N(0, \sigma^2(gX_j'X_j)^{-1}) \tag{6.8}$$

式（6.8）中，g 为待定参数。运用式（6.7）与式（6.8）可得：

---

① Koop G, Poirier D J, Tobias J C. Bayesian Econometric Methods [M]. Cambridge: Cambridge University Press, 2007.

$$p(\beta^j/y, \sigma, M_j) = \frac{p(y/\beta^j, \sigma, M_j)p(\beta^j/\sigma, M_j)}{\int p(y/\beta^j, \sigma, M_j)p(\beta^j/\sigma, M_j)d\beta^j} \tag{6.9}$$

假设 $\sigma \propto \sigma^{-1}$，将式（6.9）对 σ 进行积分，由此可以证明 β^j/y，M_j，服从一个自由度为 n 的多维 t 分布，即：

$$\beta^j/y, M_j \sim t(\mu_j, \textstyle\sum_j) \tag{6.10}$$

设 $V_j = [(1+g)X_j'X_j]^{-1}$，$P_j = I_n - X_j(X_j'X_j)^{-1}X_j'$，则式（6.10）中 $\mu_j = E(\beta^j/y, M_j) = V_j X_j'y$，$\sum_j = \mathrm{Var}(\beta^j/y, M_j) = [y'P_j y + g(y - \bar{y}l_n)'(y - \bar{y}l_n)]V_j/(1+g)(n-2)$。

步骤二：计算 $p(M_j/y)$。利用式（6.7）和式（6.8）及假定 $\sigma \propto \sigma^{-1}$，可得到关于 y、β^j、σ/M_j 的似然函数，再将其对 β 和 σ 求积分可得关于 y/M_j 的分布。

$$p(y/M_j) \propto \left(\frac{g}{g+1}\right)^{\frac{j}{2}}\left[\frac{1}{g+1}y'P_j y + \frac{g}{g+1}(y-\bar{y}l_n)'(y-\bar{y}l_n)\right]^{-\frac{n-1}{2}}$$

于是计算可得：

$$p(M_j/y) = cp(y/M_j)p(M_j) \tag{6.11}$$

式（6.11）中，c 由 $\sum_{j=1}^{J} p(M_j/y) = 1$ 确定，$p(M_j)$ 表示模型的先验概率。再根据式（6.10）和式（6.11）的结果可确定式（6.6）中的 $p(\beta/y)$。最后，依据式（6.6）的结果可计算出回归系数 $\beta = (\beta_1, \cdots, \beta_k)^T$ 的后验均值和方差分别为：

$$E(\beta|y) = \sum_{j=1}^{J} P(M_j|y)E(\beta^j|y, M_j)$$

$$\mathrm{Var}(\beta|y) = \sum_{j=1}^{J} P(M_j|y)\mathrm{Var}(\beta|y, M_j) + $$
$$\sum_{j=1}^{J} P(M_j|y)[E(\beta|y, M_j) - E(\beta|y)]^2$$

不同于常规的经典频率学派将模型参数视为固定常数，BMA 模型通过后验概率与后验均值确定最优的变量组合。运用 BMA 方法可以在健康影响指标中剔除不相关指标，而识别真正决定居民健康水平的变量则需要确定后验概率 $P(M_k|D)$ 和选择模型 M_k。

2. 关键信息确定

在进行贝叶斯模型平均时，需要确定三个关键信息，即先验分布选择、模型先验分布以及模型方法确定。

（1）先验分布选择。一般的线性回归模型 M_k：$y = \alpha + \sum_{i}^{p_k} \beta_j^{(k)} X_j^{(h)} + \varepsilon$。参数 $\theta_k = \{\alpha, \beta^{(k)}, \sigma^2\}$ 包含常数项 $\{\alpha\}$、斜率项 $\beta^{(k)} = \{\beta_1^{(k)}, \cdots, \beta_{p_k}^{(k)}\}$ 和误差项的方差 $\{\sigma^2\}$ 三个部分，$X^{(k)} = \{X_1^{(k)}, X_2^{(k)}, \cdots, X_{p_k}^{(k)}\}$ 为第 k 个模型的自变量 $\{X_1, X_2, \cdots, X_p\}$ 的子集。

依据 O'Hagan（1994）线性模型的标准贝叶斯理论，假定尺度参数 σ^2 的无信息先验为：

$$p(\sigma^2 \mid M_k) \propto \frac{1}{\sigma}$$

相应的常数项和斜率项信息先验为：

$$p(\alpha \mid \sigma^2, M_k) \propto 1, \quad p(\beta^{(k)} \mid \alpha, \sigma^2, M_k) \sim N(0, \sigma^2 V_k)$$

其中，先验方差 $V_k = g_k \frac{1}{X^{(k)'} X^{(k)}}$（Zellnr，1986；Fernández 等，2001）。

超参数 g 代表 $\beta^{(k)}$ 为零的可能性，g 值较小意味着系数先验方差较小，学者认为系数是零；相反，g 值较大代表学者不确定系数是否为零。

目前学者关于参数 g 值先验分布形式汇总见表6-1。

表6-1　参数先验分布形式

g	参考文献	先验分布
$g = K^2$	Foster 和 George（1994）	风险膨胀标准 RIC（Risk Inflation Criterion）
$g = N$	Zellner（1986）Kass 和 Raffery（1995）	单位信息先验 UIP（Unit Information Prior）
$g = \max(N, K^2)$	Fernandez 等（2001）	基准先验（Benchmark Prior）
$g = \log(N)^3$	Fernandez 等（2001）	汉南—奎因准则 HQ（Hannan-Quinn）

g	参考文献	先验分布
$g=$ "BIC"	Schwarz（1978）	贝叶斯信息准则 BIC （Bayesian Information Criterion）
$g=$ "AIC"	Clyde（1999b）	赤池信息量准则 AIC （Akaike Information Criterion）
$g_r^{EBL}=\max\{F_r-1,\ 0\}$	George 和 Foster（2000） Hansen 和 Yu（2001）	局部经验贝叶斯 EBL （Empirical Bayesg-Local）
$p(g)=\dfrac{a-2}{2n}\left(1+\dfrac{g}{n}\right)^{-a/2}$	Liang 等（2008）	Hyper-g-n 先验
$p(g)=\dfrac{\Gamma(b+c)}{\Gamma(b)\Gamma(c)}g^{b-1}(1+g)^{-b}$	Ley 和 Steel（2012）	Beta 缩减先验

资料来源：根据 Eicher 等（2011）汇总而来。

其中，N 为样本数量，K 为指标体系中的指标数量。

Liang 等（2008）验证了 Hyper-g 先验的预测效果优于其他 g 值先验，因此本研究实证选择 Hyper-g 来实现 BMA 方法测度结果。

（2）模型先验分布。目前，学者主要采用均匀分布、二项分布以及 Beta-Binomial 三种先验分布进行模型先验分布的设定。

均匀分布是对模型设定为全部相等的先验概率，它忽视了先验信息的特性，估计结果具有较大的偏误，即模型 M_k 的先验概率为 $p(M_k)=2^{-K}$，K 表示指标体系中指标的总数量。

M_k 要服从二项分布则将其概率设置为 $p(M_k)=\theta^{K_k}(1-\theta)^{K-K_k}$ 的形式。其中，K_k 为模型 M_k 的指标数量，θ 为某一指标可能包含在模型 M_k 中的概率，θ 服从二项分布，θ 的取值范围为 $0\sim1$：当 θ 为 0 时，则与均匀分布的模型先验相同。若 θ 为服从 Beta 分布的随机变量，则模型先验为 Beta 分布与二项分布的共轭分布，假设 K_k 符合二项分布，$K_k\sim\mathrm{Bin}(K,\ \theta)$，则 $P(X=K_k\mid\theta,\ K)=C_K^{K_k}\theta^{K_k}(1-\theta)^{K-K_k}$，$\theta\sim\mathrm{Beta}(\alpha,\ \beta)$，$\pi(\theta\mid\alpha,\ \beta)=\dfrac{\theta^{\alpha-1}(1-\theta)^{\beta-1}}{B(\alpha,\ \beta)}$，$\alpha>0$，$\beta>0$，因此该复合分布为：

$$P(M_k) = P(K_k \mid \theta, K)\pi(\theta \mid \alpha, \beta)$$

$$= \frac{\theta^{\alpha-1}(1-\theta)^{\beta-1}}{B(\alpha, \beta)}\theta^{K_k}(1-\theta)^{K-K_k}\binom{K}{K_k}\frac{B(\alpha+K_k, \beta+K-K_k)}{B(\alpha, \beta)} =$$

$$\frac{\Gamma(K+1)}{\Gamma(K_k+1)\Gamma(K-K_k+1)}\frac{\Gamma(K_k+\alpha)\Gamma(K-K_k+\beta)}{\Gamma(K+\alpha+\beta)}\frac{\Gamma(\alpha+\beta)}{\Gamma(\alpha)\Gamma(\beta)}$$

该先验主要取决于参数 α、β。

Beta-Binomial 模型先验是二项分布的特殊情况，即当 $\alpha=1$ 时，Beta-Binomial 模型先验有较为广泛的变化范围，且根据模型空间大小的均值 m 来引出模型先验，使 Beta-Binomial 模型先验更具有吸引力。β 的取值可以通过 $\beta=\dfrac{K-m}{m}$ 来确定，其中 $m \in (0, K)$，因此只需要确定 m 值即可。Ley 和 Steel（2012）通过模型推导发现，在实践应用中，随机 θ 值比固定 6 值更适合在现实中应用；且当 $m<K/2$ 时，固定 θ 值的模型先验更倾向于较小的模型，而随机 θ 值仅仅是对先验概率有一定的影响。

因此，本研究在实证时选择 Beta-Binomial 模型先验作为本研究的模型先验分布。

（3）模型方法确定。目前学者采用奥卡姆窗口（Occam's Windows）方法或马尔科夫链蒙特卡洛模型综合方法进行模型计算。

马尔科夫链蒙特卡洛模型综合方法是基于所有备选模型的结果，通过不断抽样，以确保筛选出的结果是收敛的。考虑到本研究的解释变量有 8 个，选取马尔科夫链蒙特卡洛模型综合方法更为适合，下面对马尔科夫链蒙特卡洛模型综合方法进行阐述。

York 等（1995）采用马尔科夫链蒙特卡洛模型综合方法（Markov Chain Monte Carlo Model Composition，MC3）进行抽样筛选，MC3 倾向于抽选后验模型概率比较大的模型，并保证抽样数量达到一定值时，抽样模型计算结果趋近于全部 M_s 模型的计算结果，这样就可以大大降低计算难度。它的思路是假定马尔科夫链当前模型是 M_s，备选模型空间是 $\{M_s,\ M_s$ 减少一个变量的模型集合，M_s 增加一个变量的模型集合$\}$，计算马尔科夫链移动到下一个新模型 M_{s+1} 的概率为 k，保持原模型 M_s 的概率为 $1-k$。将 k 值与均匀分布产生的随机数进行对比，若大于产生的随机数，则该模型入选，以此类推，直到抽取的模型个数达到要求，k 的计算公式：

$$k = \min\left\{1, \frac{P(D \mid M_{s+1})P(M_{s+1})}{P(D \mid M_s)P(M_s)}\right\} \tag{6.12}$$

二、模型构建、变量选择及数据来源

关于解释变量的选择，综合了 Fernandez、Ley 和 Steel、Sala-i-Martin、Doppelhofer 和 Miller 的方法，并遵循两个原则：第一，选择近年研究领域经常出现的、能够促进居民健康的解释变量；第二，所选解释变量观测数据具备良好的可及性。

被解释变量：居民健康水平（Health，H）。本研究选择人口死亡率作为衡量公众健康水平的指标，单位为‰。

核心解释变量：医药制造业与医疗服务业耦合协调发展水平（D）为核心解释变量。

借鉴张辉（2017，2018）、洪名勇等（2021）以及陈云等（2020）的研究结果，本研究选取以下指标开展研究。

政府控制差距（Government Control Gap，GCP）：反映各地区的财政权力的相对差异。本研究采用"各地区政府财政支出/全国政府财政支出×100%"来衡量控制差距。

技术进步（Technological Progress，TP）：反映的是各地区的技术进步发展情况。本研究选取"医药制造业拥有发明专利数/医药制造业企业个数"来反映地方技术进步水平。

环境污染（Environmental Pollution，EP）：环境质量代表居民生存环境的优劣，是影响居民健康水平的关键因素。本研究选取各省份年平均二氧化硫排放量来衡量环境污染。

生活变量（Life Variables，LV）：反映的是各地区居民生活水平的变化。本研究选取各省份人均建设用地来衡量生活变量。

老龄化（Old-age Dependency Ratio，OLD）：地区老龄化程度是否影响该地区的健康产业构成是本研究关注的对象之一。本研究选取老年人口抚养比，即"（65 岁以上老人/总人口数）×100%"来衡量老龄化程度。

气温变量（Environment Variables，EV）：本研究选择气温作为环境变量。气温值的确定，是先由中国气象局的中国地面累年值数据集（2006—2019 年）（http：lldata. cma. cnldata/detail/data-Code/A. 0029. 0005. html）插值，然后借助 ArcGIS 提取获得的，单位为摄氏度（℃）。

教育变量（Educational Variables，Edu）：教育经费投入为了提供健康相关的公共品，以消除不平等和弥补市场的失灵，因此，本研究选取教育财政支出占 GDP 的比重来衡量教育变量。

本研究基于贝叶斯模型平均思想及相关文献，采取面板数据模型，依据人口死亡率为代表的健康水平变量，构建如下计量模型。

$$\mathrm{In}H_{it} = \alpha + \beta\mathrm{In}D_{it} + \gamma_1\mathrm{In}GCP_{it} + \gamma_2\mathrm{In}TP_{it} + \gamma_3\mathrm{In}EP_{it} + \gamma_4\mathrm{In}LV_{it} +$$
$$\gamma_5\mathrm{In}OLD_i + \gamma_6\mathrm{In}EV_{it} + \gamma_7\mathrm{ln}Edu_{it} + \mu \qquad (6.13)$$

式（6.13）中，i 代表省份，t 代表时间，H_{it} 代表居民健康水平（Resident's Health Level，Health），三者为被解释变量；D_{it} 代表医药制造业与医疗服务业耦合协调发展水平，为主要解释变量。

考虑到部分地区的数据缺失严重，本研究选取 2006—2019 年除香港、澳门、台湾、内蒙古、山东以外的 29 个地区作为数据样本。所有指标的原始数据来源于历年《中国第三产业统计年鉴》《中国金融年鉴》《中国财政年鉴》《中国统计年鉴》《中国农业统计年鉴》《中国卫生健康统计年鉴》等。本研究依据健康宏观生产函数要求对变量进行对数化处理，处理后各变量的描述性统计分析结果见表 6-2。

表 6-2　描述性统计

指标	个数	均值	标准差	最小值	0.25 分位	0.75 分位	最大值
居民健康水平	406	1.784	0.133	1.437	1.708	1.882	2.024
耦合协调发展水平	406	-1.023	0.343	-1.852	-1.272	-0.769	-0.304
政府控制差距	406	0.834	0.606	-0.916	0.588	1.224	2.001
技术进步	406	-4.26	1.552	-9.098	-5.046	-3.371	-1.64
环境污染	406	3.625	1.353	-1.887	3.191	4.489	5.300
生活变量	406	2.255	0.23	1.574	2.101	2.414	2.789
老龄化	406	2.783	0.303	1.948	2.567	2.991	3.376
气温变量	406	3.625	0.525	1.54	3.467	3.926	4.451
教育变量	406	2.785	0.166	2.292	2.689	2.909	3.101

三、实证结果与分析

本研究通过 R3.2.3 调用 Bayesian Model Average 估计软件包对 8 个影响居民健康水平的变量进行回归分析。借鉴 Ley 和 Steel（2009，2012）的研究思路，将模型的先验概率设置为随机概率（Random）；参照 Liang 等（2008）的研究，将参数的先验概率设置为 Hyper-g 先验型概率。通过 BMA 方法下的模型估计，获得相关解释变量的后验结果。本研究包含 $2^8 = 256$ 个模型，估算结果见表 6-3。

表 6-3　耦合协调发展对居民健康水平影响

变量	后验均值	后验标准差	后验包含概率
常数项	1.784	0.005	1.000
耦合协调发展水平	-0.024	0.024	0.678
政府控制差距	0.011	0.018	0.550
技术进步	-0.035	0.008	1.000
环境污染	0.024	0.006	0.999
生活变量	0.058	0.012	1.000
老龄化	0.470	0.029	1.000
气温变量	0.040	0.023	0.891
教育变量	0.144	0.041	0.996

资料来源：笔者测算。

指标变量的后验包含概率（Posterior Inclusion Probability，PIP）由式（6.14）计算而来。

$$PIP = P(\beta_p \neq 0 \mid D) = \sum_{i=1,\ M_i \in S}^{K} P(M_i \mid D) \tag{6.14}$$

PIP 表示解释变量被包含在一个可以解释居民健康状况的"真实模型"中概率的高低。具体来说，解释变量的后验包含概率越高，解释变量被包含在正确模型中的概率就越高，解释就越有力。根据 Doppel hofer 和 Miller（2004）等的研究，如果变量后验包含概率大于 0.5，则可说明该变量是有效的解释变量。

指标变量的后验均值（Posterior Mean，PM）反映的是解释变量对居民健康水平的边际影响的方向和程度。计算公式为 $PM = \sum_{i=1}^{K} P(M_i \mid D)\beta_i$。

指标变量的后验标准差（Posterior Standard Deviation，PSD）反映的是该指标变量后验均值的代表性，PSD 值越小说明 PM 值的代表性越好，用 PM 值来说明该指标变量对整个模型空间的影响程度就越准确，其计算公式见式（6.15）。

$$PSD = \sqrt{\sum_{i=1}^{K} P(M_i \mid D) \frac{(\beta_i - \bar{\beta})^2}{n}} \qquad (6.15)$$

本研究选取人口死亡率代表居民健康水平，它属于逆指标，即人口死亡率越高，居民健康水平越低。

如表6-3所示，医药制造业与医疗服务业耦合协调发展水平的后验包含概率为 0.678，明显大于 0.5，足以说明其对居民健康水平产生影响。当模型中的变量"居民健康水平""医药制造业与医疗服务业耦合协调发展水平"为取自然对数后的值时，参数 β 刻画的是医药制造业与医疗服务业耦合协调发展水平弹性系数的变化。医药制造业与医疗服务业耦合协调发展水平对居民健康水平系数 β 的后验均值为负，代表医药制造业与医疗服务业耦合协调发展水平的提高会降低人口死亡率，即医药制造业与医疗服务业耦合协调发展水平的提高将促进居民健康水平。但 β 的后验均值数字较小，表明两产业耦合协调发展水平对居民健康水平的影响作用较小。分析其中原因，本研究认为，我国医药制造业与医疗服务业耦合协调发展可以优化大健康产业内部资源配置，提高健康产品及服务的供给数量和质量，提升医疗卫生系统服务效率，最终通过增强居民健康意识，进而提高居民健康水平，但由于现阶段我国医药制造业与医疗服务业的耦合协调发展程度普遍不高，且因为其不是直接作用于居民健康水平，加上居民健康水平影响因素众多，导致其影响程度不大。

政府控制差距的后验包含概率为 0.550，大于 0.5，它对居民健康水平影响显著，后验均值为正，表明政府控制差距增大会促进居民死亡率的增加，即抑制居民健康水平的提升。财政控制差距反映地区的财政实力，指标越大，说明财力越强，政府卫生支出越大，对医疗服务业发展扶持力度越强，医疗服务业综合发展水平提速越快，由此会拉大两产业综合发展水平差距，抑制两产业协调发展，进而抑制居民健康水平。

依据后验均值与后验包含概率的结果可知，技术进步会导致居民死亡率下降，促进我国居民健康水平。技术进步还会促进居民健康水平的提升，这与大部分学者的研究结论一致。总的来说，技术进步可提升健康产品供给质量、改善居民诊疗体验，提升居民健康水平。

环境污染的后验包含概率大于 0.5，且后验均值为正，这表明环境污染的提高会抑制居民健康水平。环境污染这一指标说明，环境问题的恶化对居民健康水平的负面影响突出。IEA 调查显示，空气污染对居民尤其是抵抗力弱的居民健康产生重大影响。

生活变量即居民建设用地的增加，会显著抑制居民健康水平提升。我们知道，绿色植物可利用自身对污染物的持续作用，最终实现污染物的动态减少，实现对环境的净化。绿色植物不仅能利用其叶子背面的微孔将污染物吸入内部，而且与植物根部共生的微生物也能分解相应污染物，变成植物生长所需的物质，最终被植物吸收。而居民建设用地的增加会挤占环境资源用地，导致植被覆盖率降低，进而影响居民健康水平。

老龄化程度的后验包含概率为 1，即显著抑制居民健康水平提升，这结论与大部分学者的结论一致。我国逐渐步入老龄化社会，社会所面临的养老问题越来越严峻，政府所承担的养老压力加剧，老年人的健康下降，实现健康覆盖所承担的成本相对较大。由于当地政府的及时重视，老龄化程度高的地区，如北京、上海等地大力发展养老服务业，提升了养老服务质量，并探索完成超大型城市养老服务的新模式，使居民健康水平不降反升，对本地居民健康水平产生正向影响。

气温变量的提升会显著抑制居民健康水平的提升，这验证了陈云等（2020）的实证结论。适宜的气温利于人体健康，而气温过高或过低均不利于人体健康，甚至会导致死亡率升高。

教育变量的提升会抑制居民健康水平的提高，这与大多数学者的研究结论一致。教育支出规模的大小代表地区对人才培养的力度，虽然高质量的教育会提升居民对健康的重视，从而促进居民健康水平，但具有较高受教育程度的人往往会面临着更大的工作压力，并且会增加其熬夜、吸烟及酗酒等不良行为的可能性，从而不利于居民健康水平的提升。

四、估计结果稳健性检验

参数 g 的设定不同将对贝叶斯模型平均的估计结果产生影响。本研究在基准设定的基础上，分别就不同参数先验概率的设定进行实证分析，以验证估计结果的稳定性。不同参数 g 先验概率的设定选用目前比较通用的 Hyper-g-n 准则、AIC 准则以及 EB-local 准则。变换参数先验概率分布设定的模型估计结果见表6-4。

表6-4　不同参数设定的模型估计结果

变量	Hyper-g-n 准则		AIC 准则		EB-local 准则	
	后验包含概率	后验均值	后验包含概率	后验均值	后验包含概率	后验均值
常数项	1.000	1.784	1.000	1.784	1.000	1.784
耦合协调发展水平	0.624	−0.022	0.900	−0.033	0.678	−0.024
政府控制差距	0.490	0.010	0.827	0.018	0.544	0.011
技术进步	1.000	−0.035	1.000	−0.037	1.000	−0.035
环境污染	0.999	0.024	1.000	0.022	0.999	0.024
生活变量	1.000	0.059	1.000	0.058	1.000	0.058
老龄化	1.000	0.471	1.000	0.483	1.000	0.471
气温变量	0.870	0.040	0.966	0.042	0.890	0.040
教育变量	0.995	0.144	0.999	0.147	0.997	0.144

资料来源：笔者测算。

表6-4是在 Beta-Binomial 模型先验的假设下，采用三种不同参数先验的模型对前面实证结果进行检验。由变量的后验包含概率的大小可以看出，无论是哪一种先验分布得出的结果与表6-3的实证部分结论都是一致的，医药制造业与医疗服务业耦合协调发展水平的回归系数依旧保持稳健，说明两产业耦合协调发展会促进居民健康水平的估计结果是稳健可靠的。

第四节　本章小结

本章对医药制造业与医疗服务业耦合协调发展的居民健康效应展开探讨：首先，对医药制造业与医疗服务业耦合协调发展促进居民健康水平的理论机理进行分析；其次，从国际、国内发展历程以及区域内三方面差异对比对我国居民健康水平变化情况进行分析；最后，基于贝叶斯模型平均的设定、假设等理论，以前面测度的医药制造业与医疗服务业耦合协调发展水平为主要解释变量，合理选择其他控制变量，通过贝叶斯模型平均实证检验两产业耦合协调发展对居民健康水平的影响，并通过稳健性检验证明了结论的可靠性。结果如下：

（1）我国人口死亡率在近 10 年维持在 7‰以上，虽然远低于其他发达国家和地区的人口死亡率，但随着人口老龄化程度的加剧，我国人口死亡率有增长态势，即居民健康水平有下降趋势。

（2）居民健康水平的影响因素众多，针对不同影响因素的有效性，很多学者已经运用多种方法进行了大量研究，但大多数学者只关注其中某一种因素的影响，同时对多种影响因素进行考虑的文献并不多见。本研究运用贝叶斯模型平均法实证检验了居民健康水平的影响因素，估计结果更加稳健可靠。通过引入贝叶斯模型平均方法发现，两产业耦合协调发展、技术进步会促进居民健康水平，政府控制差距、环境污染、生活变量、老龄化、气温变量、教育变量均会抑制居民健康水平。在更换了先验分布后，对相关结果进行分析，发现医药制造业与医疗服务业耦合协调发展水平的回归系数依旧保持稳健，说明两产业耦合协调发展会促进居民健康水平的估计结果是稳健可靠的。

第七章　医药制造业与医疗服务业耦合协调发展的经济效应测度

第一节　医药制造业与医疗服务业耦合协调发展经济效应的理论分析

医药制造业与医疗服务业耦合协调发展通过促进健康产业高质量发展、改善民生质量来促进经济增长。在人口老龄化加速、疾病风险不断增加的时代背景下，医药制造业与医疗服务业是畅通健康产业内循环的关键节点，二者的协调发展是拉动健康产业规模快速增长的重要途径，也是优化健康产业结构的重要手段。随着近年来一站式服务、一体化平台等的广泛发展，长期处于价值链"微笑曲线"底端的中国医药制造业开始积极向产业链两端延伸，以摆脱由于国内劳动力成本上升导致的低利润发展困境，进而提升自身竞争力。医药制造业与医疗服务业的耦合协调发展所带动的技术进步对健康服务质量的提高有着至关重要的作用，也有利于激活我国医药健康产业内需，进而推动我国经济高质量发展。鉴于此，本研究对医药制造业与医疗服务业耦合协调发展对经济增长的影响进行研判。

一、直接效应机理分析

医药制造业与医疗服务业耦合协调发展通过提高两产业综合发展水平、

优化健康产业结构、促进产业协同创新和加速新兴行业发展等途径，直接影响一国（地区）的经济增长。其具体作用机理分析如下。

第一，医药制造业和医疗服务业的耦合协调发展能够增加医药制造业的竞争优势。在医药制造业和医疗服务业耦合协调程度较高的地区，两产业的分工更为细致，保证制药企业在优势环节集中利用更多生产资源。医疗服务业能够更高效地给制药企业提供对口的医药研发设计需求、高素质人才等服务，提高制药企业生产效率，从而减少可变成本。同时，在医药制造业和医疗服务业耦合协调程度较高的地区，医药制造业服务化水平普遍相对更高，制药企业能够根据医疗服务行业的便捷化、弹性化、定制化等特点，更好地适应网络时代对"长尾"产品的需要，以异质化的方式进入"蓝海区域"，扩增利润空间。与医疗服务业企业关联程度高的制药企业还能够更高效地选择设计方案和生产材料，改进医药物品的维护方式，提高资源使用效率，并且节约制药企业生产成本。综上所述，医药制造业和医疗服务业耦合协调发展通过影响制药企业的资源条件，如劳动力资源、资本资源、自然资源等，使制药企业的人员素质、技术素质等得到提升，产业组织结构得到优化，地区制造业竞争力得到提高，从而促进该地区的经济增长。

第二，医药制造业和医疗服务业的耦合协调发展可以使医药服务业的生产效率得到最大限度的优化。当两产业之间的耦合协调度较高时，制药企业和医疗服务业机构之间的联系更加频繁和紧密，二者在区位选择上也更趋向于协同。协同定位可以有效地减少两产业在前、后关联过程中产生的信息不对称，从而大大降低了信息搜索费用，优化区域产业组织结构，促进经济增长。另外，医疗服务业在与医药制造业的互动中，依赖医药制造业提供的高质量生物制药、基因制药等，高效治愈居民疾病，提高自身服务水平，优化自身生产效率。综上所述，医药制造业和医疗服务业的耦合协调发展是指，通过提升医疗服务业的生产效率、优化产业组织结构，来提升地区增加值，节约地区资源，促进经济增长。

第三，医药制造业和医疗服务业的耦合协调发展促进地区健康产业结构优化。健康产业结构的优化不仅可以促进提高区域经济产量，而且可以通过提高效益水平促进提升区域经济质量。产业结构优化有两条途径，一是产业结构的合理化，二是产业结构的高度化。产业结构合理化是指产业间的协同水平不断提升，而医药制造业和医疗服务业的耦合协调发展按照定义本身就内含于健康产业的结构合理化之中。产业结构高度化是指产业结构向资金、技术密集型，加工度、附加值较高的产业转移。医疗服务业通过与医药制造业进行物质和信息交换，通过多层次、多样化的健康需求促进医药制造企业转型升级为高端制药企业，推动医药制造业产业结构的发展迈向更高端的方向。

第四，两产业耦合协调发展有利于实现产业间协同创新。制药企业生产活动的创新与医疗服务业机构发展历程的创新是互相激发、互相影响的。从医药制造业和医疗服务业的产业属性来看，可以知道制药企业的创新对象多为工程技术和应用技术，由于知识的专业化程度较高，在创新过程中，企业与研发机构的联系不甚紧密。而医疗服务业机构的创新对象多为科研人员的信息创新，信息创新对研发机构具有普适性，在创新进程中参与者的联系更为紧密、复杂。由此，可见二者在创新对象上是互补的。两个产业的耦合协调发展能够促进两个产业的协同创新，使区域产业由要素驱动向创新驱动阶段跨越式发展。

第五，两产业协调发展能够加速新兴行业发展，优化区域经济生产效率。随着社会经济发展水平和物质生活质量的提高、人口老龄化趋势不断加强，人们的健康保健意识和健康需求逐渐增加，智慧医疗、互联网医疗、健康监测等新兴健康服务产业应运而生。新兴健康产业具有吸纳就业强、覆盖范围广的优势，同时对其他相关产业的辐射、带动效应也较强。两产业耦合协调发展为智慧医疗、互联网医疗提供高质量的医药、医疗服务供给，促进健康产业快速发展、区域经济快速增长。

二、间接效应机理分析

医药制造业与医疗服务业耦合协调发展主要通过影响健康水平，间接对经济增长产生影响。本研究从供给与需求两个方面进行详细展开。

1. 供给方面

第一，两产业耦合协调通过提升居民健康水平，进而提高劳动供给质量，达到促进经济增长的效果。一方面，两产业耦合协调发展提高健康产品供给质量，直接提高居民健康水平、劳动参与率、劳动力供给规模与质量，促进经济增长。两产业耦合协调发展提升居民健康水平。居民健康水平提高之后，个人的劳动能力和精力会更强，因而单位时间内的劳动更有效率，而且单个人工作时限会更长，社会生产中劳动参与者的比率会更高，因而整个经济中劳动供给规模会增加，进而促进经济增长。可见，随着居民健康水平的提升，居民学习能力以及进行教育投资的回报率都会提高，从而提升居民生产能力，优化劳动力供给质量，进而促进经济增长。另一方面，随着居民健康水平的提高，人口死亡率和净人口再生产率均呈现逐渐下降的趋势，人口存活率和人口预期寿命延长有利于促进经济增长。有两个主要因素会影响人口结构，分别是人口死亡率和出生率，降低人口死亡率，尤其是降低婴儿死亡率会对降低生育动机、间接降低出生率以及减轻人口负担产生积极的作用。此外，由于人口死亡率和出生率的降低存在时滞性，某些发展中国家在一定时期内将形成"人口红利"，也就是具有劳动能力的劳动者的数量占总人口的比例将会相对提高，从而有利于我国社会经济向好发展。

第二，耦合协调发展通过提升居民健康水平，进而优化人力资本效率，促进经济增长。对个人而言，两产业耦合协调发展有利于改善居民健康水平，降低健康消费支出，促进个人资本积累。对政府而言，两产业耦合协调发展程度直接影响着区域健康产业投资成本。两产业耦合协调程度越好的地区，其政府重视程度越高，引进政策越好，吸引外资越多，越能节省投资成本，越能提高投资效益，因此，跨国公司在选择投资区域时，也会更倾向于两产业耦合协调发展水平高的地区。大量的外国直接投资流入，对居民就业、技术升级方面均能起到重要的推动作用，进而促进经济增长。

第三，两产业耦合协调发展通过提升居民健康水平，推动技术进步，进而促进经济增长。从居民个体层面来看，两产业耦合协调发展有助于提高居民身体素质、改善居民心理健康、提升劳动技能水平，进而提高企业平均人力资本水平、降低企业用工成本，促进企业技术进步发展。从国家层面来看，两产业耦合协调发展会提升居民健康水平，延长居民预期寿命，降低养老等保障的支出，有利于提升科研投入，加快技术进步，促进经济增长。两产业耦合协调发展对知识、技术、人才具有明显吸引力，可推动和刺激产品的研究和创新，从而增强企业的竞争优势，改善企业创新能力和组织管理低下的问题。同时，两产业耦合协调发展能够最大限度地发挥资源禀赋，保证企业的"竞争力""生命力"，从而使其生产效率得以提高，生产成本得以降低。同时，通过技术成果的转移、转化，可以使各种创新要素在地区聚集、利用，从而实现科技成果的共享、科研成本的均摊，有利于促进制药企业生产高效化、多样化、专门化，有利于产业集群和良性竞争，从而有效发掘经济增长潜力。

2. 需求方面

两产业耦合协调发展通过提升居民健康水平，影响居民储蓄率，进而影响经济增长。两产业耦合协调发展通过提升医疗服务供给水平来提高居民健康水平。健康水平提升后，居民一方面通过延长参与经济生产的时间，促进经济增长；另一方面随着人口老龄化程度的不断加剧，且现有的健康市场普遍存在医疗成本高、优质医疗资源不足以及疾病谱变化快等特点，导致居民对未来健康预期的不确定性增强，居民可能通过不断增加储蓄来抵御这种不确定性对健康的影响，从而为经济增长提供潜能。

两产业耦合协调发展能提升居民健康水平，而健康则可通过影响人们的效用水平对经济产生影响。由于健康对个人而言不仅是一种人力资本投资，有时更是一种"消费"需求。当人们进行健康投资或者"健康消费"时，一方面它会减少物质资本投资，进而不利于经济增长；另一方面它也提高了个人的健康水平和个人生产能力，从而又会促进经济增长。

两产业耦合协调发展同经济增长之间的关系、作用机制非常复杂，所涉及的问题也非常之多。经过第六章的机理分析与实证检验，本研究已经证实医药制造业与医疗服务业耦合协调发展会促进居民健康水平提升。那么两产业耦合协调发展是否会促进经济增长？是否会通过居民健康水平促进经济增长呢？

基于以上机理分析，本研究提出以下假设。

假设 1：医药制造业与医疗服务业耦合协调发展对经济增长具有正向效应。

假设 2：医药制造业与医疗服务业耦合协调发展将通过影响居民健康水平，影响经济增长。

第二节　医药制造业与医疗服务业耦合协调发展对经济增长的直接效应

一、模型设定、变量选择及数据来源

经济现象具有复杂多变的特点，导致经济变量之间的关系呈现出大量非线性。梳理现有促进经济增长路径的文献发现，学者一般采用线性、空间计量模型进行分析。由于各种不同的经济变量间的关系大多呈现非线性，因此，使用线性模型与相关方法进行分析，必然会使得到的结论存在较大的偏差。

非参数回归模型属于数据驱动型模型，即变量之间的关系形式完全取决于变量数据本身。与传统线性模型相比，非参数回归模型拥有以下几个优势。首先，由于非参数回归函数的形式不受限制，无须预先了解经济变量间的关系；其次，非参数回归模型的特点包括强适应性、高稳健性，它的具体形式完全取决于样本数据自身；最后，非参数回归模型对非线性、非均质性问题的仿真效果较好。

为了更有效地研究各种因素和经济增长的关系，本节采用非参数回归模型研究相关因素对区域经济增长的非线性影响。

1. 模型设定

本研究选取广义可加模型中的非参数模型对耦合协调发展的经济效应展开研究。该模型既具备非参数回归模型数据驱动的优势，又规避非参数回归模型中由于维数过高而带来的"维数灾难"问题。非参数模型中，假设被解释变量为 y，解释变量 $x = (x_1, x_2, \cdots, x_p)^T$ 为 p 维向量，其中，被解释变量 y 即为模型的随机成分，服从指数分布族，具体表达式见式（7.1）。

$$f(y;\ \theta,\ \phi) = \exp\left(\frac{y\theta - b(\theta)}{a(\phi)} + c(y,\ \phi)\right) \qquad (7.1)$$

式（7.1）中，θ 代表自然参数，ϕ 代表尺度参数，并且服从 $E(y \mid x) = \mu(x)$，非参数模型的具体形式见式（7.2）。

$$g(\mu(x)) = \eta(x) \tag{7.2}$$

式（7.2）中，$g(\mu(x))$ 作为模型的连接函数，其作用是把随机成分和可加成分联系起来，$\eta(x)$ 作为模型的可加成分，具体表达形式见式（7.3）。

$$\eta(x) = \beta_0 + \sum_{j=1}^{p} f_j(x_j) \tag{7.3}$$

式（7.3）中，β_0 是常数项，$(f_1(x_1), \cdots, f_p(x_p))$ 为光滑函数，不具有具体的函数形式，为了增加该模型的可识别性，要求 $Ef_j(x_j) = 0$，$j = 1$，2，$\cdots$，p。

连接函数 $g(\mu(x))$ 一般为可微的单调函数，在被解释变量具有不同分布类型的情况下，对应的连接函数是不同的。因此，最终非参数模型的表达形式为：

$$g(\mu(x)) = \beta_0 + \sum_{j=1}^{p} f_j(x_j) \tag{7.4}$$

式（7.4）中，β_0 为常数项；模型中的函数 $f_j(x_j)$，$j = 1$，$\cdots$，p 是针对每一个解释变量 x_j 都采用了未知非参数光滑函数，但由于非参数模型并没有确定解释变量与被解释变量的特定关系，而是以一种不确定的非参数光滑函数形式出现，从而可以大大提高模型的灵活度。

健康水平与经济增长的关系一直是学术界研究的热点。由于研究目标、研究对象、研究时间、研究方法、研究指标等方面的差异，健康水平对经济增长的影响结论出现差异化和多样化结果。本节以上一节的影响机理分析为基础，借鉴大多数学者的研究思路，结合省级面板数据和非参数模型，以经济增长指标为耦合协调发展水平"经济效应"考察维度，并选取"医药制造业与医疗服务业耦合协调发展水平"为核心解释变量，探究两产业耦合协调发展对经济增长的直接效应。基于上述分析，构建耦合协调发展对经济增长直接影响的计量模型见式（7.5）。

$$g(E(Y_i \mid x_{i1}, x_{i2}, \cdots, x_{ip})) = \alpha + f_j(D_{ij}) + \sum_{j=1}^{p} f_j(x_{ij}) \tag{7.5}$$

式（7.5）中，$g(\cdot)$ 为连接函数，其形式取决于被解释变量 Y 具体的

分布形式，$E(Y_i | x_{i1}, x_{i2}, \cdots, x_{ip})$ 是 Y 的期望值，$f_j(\cdot)$ 是针对解释变量的 x_{ij} 单变量函数，α 代表截距。

2. 变量选择

借鉴王少平等（2007）的研究，本研究选取人均实际 GDP（2003 年不变价格）为被解释变量，从平均量角度对经济增长进行测度。

核心解释变量：医药制造业与医疗服务业耦合协调发展水平（D），该核心解释变量已经在第四章做出详细说明，现对其他控制变量进行概况说明。

居民健康水平（Population Health Level，Health）：以第六章的人口死亡率代表居民健康水平作为中介变量。

老龄化（Old-age Dependency Ratio，Old）：地区老龄化程度与该地区的老年人占比息息相关。本研究选取老年人口抚养比，即用 65 岁以上老人占全体人口比重×100% 来衡量老龄化程度。

城镇化水平（Urbanization Level，Urb）：借鉴蒋冠等（2014）的研究，城镇化水平选取城镇人口比例来代表，即用城镇人口占总人口比重×100% 来衡量城镇化水平程度。

教育投入（Education Input，Edu）：地区教育投入本研究选取政府教育投入占 GDP 比重×100% 来衡量教育投入水平程度。

技术进步（Technological Advancements，Tech）：经济增长与技术进步程度息息相关，技术进步是经济增长的动力之一。因此本研究选取规模以上工业企业拥有发明专利数/规模以上工业企业数反映地区技术进步水平。

基础设施（Infrastructure，Inf）：经济增长与基础设施建设程度息息相关，因此本研究选取公路密度反映地区基础设施建设水平。

基于数据的可得性和真实性，本研究选择我国 29 个省（自治区、直辖市）作为研究对象（山东、内蒙古、香港、澳门、台湾因为部分数据缺失未纳入研究范围），样本期间为 2006—2019 年。资料来源于历年的《中国统计年鉴》《中国卫生统计年鉴》《中国科技统计年鉴》。为消除可能存在的异方差问题，对所有变量进行取对数处理，描述性统计见表 7-1。

表 7-1　经济增长及其影响因素描述性统计

变量	N	均值	最小值	0.25 分位	0.75 分位	最大值
人均实际 GDP	406	10.506	0.622	8.663	10.108	10.910
两产业耦合协调度	406	-1.021	0.351	-1.848	-1.271	-0.757
城镇化水平	406	1.784	0.133	1.437	1.708	1.882
老龄化	406	3.942	0.276	3.118	3.784	4.103
教育投入	406	2.255	0.230	1.574	2.101	2.414
技术进步	406	2.785	0.166	2.292	2.689	2.909
基础设施建设	406	-1.137	0.913	-3.266	-1.910	-0.509

二、实证检验及结果解释

1. 正态检验

在回归分析之前，有必要确定变量是否正态分布，是否适合模型。本研究对经济增长进行正态检验，结果见图 7-1。

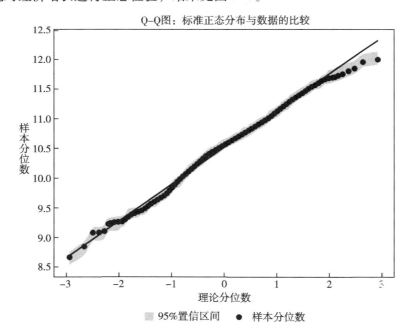

图 7-1　人均经济增长量（lperGDP）正总检验结果

资料来源：历年《中国统计年鉴》。

观察检验结果，人均实际 GDP 呈现正偏态分布，数据特征适用于非参数模型。

2. 共曲线性检验

从表 7-2 可知，对本节所涉及的影响经济增长的 6 个指标——医药制造业与医疗服务业耦合协调度、城镇化、老龄化、教育投入、技术进步与基础设施建设之间的共曲线性进行检验，结果表明各变量拟合值之间的相关系数均小于 3.80，变量之间的线性关系是微不足道的。

表 7-2　变量间共曲线性检验结果

变量	两产业耦合协调度	城镇化	老龄化	教育投入	技术进步	基础设施建设
共曲线性检验	2.939	3.752	1.790	1.267	2.377	2.554

资料来源：笔者测算。

3. 直接效应

医药制造业与医疗服务业耦合协调发展水平对经济增长的直接效应见表 7-3。在耦合协调对经济增长的影响中，各变量均为非线性影响，且都通过了显著性检验，表明各因素对经济增长的非线性影响显著。详细结果见表 7-3 与图 7-2。

表 7-3　影响因素对经济增长直接效应非参数检验结果

变量	估计自由度	参考自由度	F 值	P 值
两产业耦合协调度	2.456	3.127	117.293	0.000***
城镇化水平	8.477	8.896	105.372	0.000***
老龄化	3.649	4.639	3.461	0.006**
教育投入	4.584	5.670	8.125	0.000***
技术进步	2.545	3.246	4.096	0.006**
基础设施建设	8.514	8.903	33.910	0.000***
常数项	2.456	3.127	117.293	0.000***

注：***、**、* 分别表示在 1%、5% 和 10% 水平下显著。

资料来源：笔者测算。

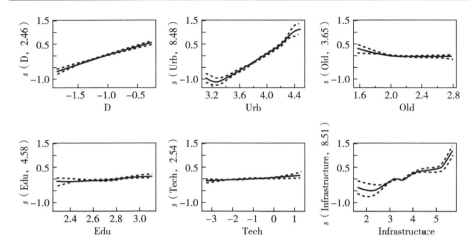

图 7-2 影响因素对经济增长的直接效应

注：实线表示因变量对反应变量贡献的拟合值，上下的虚线分别表示在95%置信度下的置信区间。

资料来源：笔者测算。

    医药制造业与医疗服务业耦合协调发展对经济增长的非线性影响在1%的显著性水平下通过显著性检验，表示医药制造业与医疗服务业耦合协调发展对经济增长的非线性影响是显著的。具体来看，两产业耦合协调发展对平均经济增长量的影响系数曲线呈现单调上升趋势。当耦合协调度小于0.367（耦合协调度对数值小于-1）时，医药制造业与医疗服务业耦合协调发展程度阻碍了区域经济增长。一方面，两产业耦合协调程度低导致医疗服务供给质量不高，无法满足居民基本健康需求，抑制居民健康水平，阻碍经济发展。另一方面，健康产业内两产业发展失衡导致要素资源浪费严重，要素配置效率低下，从而阻碍了健康产业发展，进而抑制经济增长。当耦合协调度大于0.367时，随着医药制造业与医疗服务业耦合度不断提高，两产业的协调发展不仅带动了大量人员就业和相关产业（养老、医药器械等）发展，而且两产业的耦合协调发展也有利于企业生产成本的下降、生产规模的扩大及产值的增加，从而促进经济增长。另外，两产业耦合协调发展通过改善居民健康水平，优化了企业人力资本结构，从而促进经济规模增长。这一实证结果也部分验证了前文提出的假设1，即当医药制造业与医疗服务业耦合协调发展达到一定水平时会促进经济增长。由图 7-2 也可发现，耦合协调发展水平同人均 GDP 之间呈现单调变化的关系。为进一步验证两产业耦合协调度对经济增长并非为"U"型的影响，本研究借鉴邓晓兰等（2014）的相关做法，纳入非参数单调性检验（BJG）来对非参数影响系数的线性关系进行检验，检验结果 P 值为 0.505，不能显著拒绝原假设，因此，两产业耦合协调发展对经济增长的影响系数为单调递增。

城镇化水平对经济增长的非线性影响呈现上升趋势。在城镇化水平为56%（城镇化水平对数值小于 4）时过零点，说明当城镇化水平小于 56%时，城镇化水平会抑制经济增长，随着城镇化水平的增长，对经济增长的抑制作用逐渐减小；当城镇化水平大于 56%时，城镇化会促进经济增长。当城镇化水平高于 56%时，促进作用会伴随城镇化水平的增加而增大。该结论验证了金荣学、谢洪涛（2010）关于城镇化水平与经济增长关系并不明确的观点，城镇化水平在不同阶段对经济增长效果不同，大小也不同。

老龄化对经济增长的非线性影响为平缓的"U"型。当老龄化小于 6%（老龄化水平对数值小于 1.8）时，老龄化水平会促进经济增长，伴随老龄化水平提高，促进作用会减弱；当老龄化水平处于 6%~16.45%（老龄化水平对数值处于 1.8~2.8）时，老龄化抑制经济增长，伴随老龄化程度增加，对经济增长抑制程度波动减小。研究结果与刘小勇（2013）的面板非参数模型所得出的结果基本吻合，即人口老化与经济成长呈倒"U"型的相关性。一方面，人口老化将减少劳动力供给，减少资本形成，减少全要素生产力，进而对经济发展产生负面的作用。另一方面，人口老龄化会通过改善人力资本质量、拉动养老服务需求，促进技术创新，带动经济增长。在相对轻度的老龄化社会，人口老龄化对经济增长存在递增的正向效应，因此，在人口老龄化处于 6%~16.45%时，正向作用逐步增加，抵消负向作用，进而造成人口老龄化的抑制程度逐步减弱。

教育投入对经济增长的影响系数曲线为平缓的"U"型。当教育投入小于 17.29%（教育投入对数值小于 2.8）时，对经济增长产生促进作用，伴随投入占比的增加，促进程度逐渐减弱；当教育投入处于 17.29%~23.34%（教育投入对数值介于 2.85~3.15）时，教育投入抑制经济增长，抑制程度较小；当教育投入大于 23.34%（教育投入对数值大于 3.15）时，教育投入占比对经济增长的影响程度转为促进，随着教育投入占比增加，促进程度提升。这验证了郭庆旺等（2009）研究的相关结论，政府教育投入与经济增长之间存在倒"U"型关系。政府加大教育投入在经济增长上具有两方面的影响：一是有助于促进基础教育与高等教育质量的提高，进而有助于促进人力资本积累与经济增长；二是由于经济资源由民间向公共部门转移，进而将减少民间经济主体的收入，从而对子女的教育投入降低，导致人力资本积累与经济增长均受到抑制。

技术进步对经济增长非线性影响呈平缓的"U"型。从图7-2中可以看出，当技术进步小于1（技术进步对数值小于0）时，其对经济增长的抑制作用显著，伴随技术进步的增加，抑制作用减弱。当技术进步超过1（技术进步对数值大于0）时，技术进步可以推动经济发展，同时技术进步也会使技术水平提高。

基础设施建设对经济增长的非线性影响呈现波动上升趋势。当基础设施建设水平小于33.11（基础设施建设对数值为3.5）时，基础设施建设水平会抑制经济增长，伴随基础设施建设水平的增加，促进作用增加；当基础设施建设水平大于33.11（基础设施建设对数值为3.5）时，基础设施建设水平会促进经济增长，伴随基础设施建设水平的增加，促进作用加强。该结论验证了蔡新民等（2017）研究的结论，基础设施建设水平与经济增长呈现正向相关。我国交通基础设施建设投资对经济增长有长期、稳定的促进作用。

为对比非参数回归模型的拟合效果，本研究也列出传统的线性回归模型进行对比。

由表7-4可以看出，所有变量线性估计结果均通过了显著性检验。其中，医药制造业与医疗服务业耦合协调发展水平对区域经济增长的影响系数为0.937，表示医药制造业与医疗服务业耦合协调发展水平每增加1%，经济增长将分别上升0.937个百分点。线性影响系数为正，表示医药制造业与医疗服务业耦合协调发展促进经济增长。线性直接影响结果验证了假设1，即医药制造业与医疗服务业耦合协调发展会促进经济增长。

表7-4　影响因素对经济增长的直接效应线性检验结果

变量	估计系数	Std. Error	t 值	P 值
两产业耦合协调度	0.937	0.043	21.649	0.000***
城镇化水平	1.576	0.062	25.380	0.000***
老龄化	−0.342	0.051	−6.647	0.000***
教育投入	−0.116	0.060	−1.929	0.054*
技术进步	0.050	0.015	3.311	0.001**
基础设施建设	0.234	0.020	11.476	0.000***
常数项	5.597	0.434	12.889	0.000***

注：***、**、*分别表示在1%、5%和10%水平下显著。

资料来源：笔者测算。

第三节　医药制造业与医疗服务业耦合协调发展对经济增长的总效应

为探究两产业耦合协调发展对经济增长的影响路径，现纳入中介变量（居民健康水平），探究包含居民健康水平的耦合协调发展模型对经济增长的总效应。

一、非参数中介效应模型

传统意义上，中介效应为线性结构方程模型（LSEM）（Baron 和 Kenny，1986；MacKinnon，2008）下设定的框架，他们所提出的因果逐步回归分析法见式（7.6）、式（7.7）、式（7.8）。

$$Y_i(T_i, M_i(T_i)) = \alpha_1 + \beta_1 T_i + \xi_1^T X_i + \varepsilon_{i1}(T_i, M_i(T_i)) \tag{7.6}$$

$$M_i(T_i) = \alpha_2 + \beta_2 T_i + \xi_2^T X_i + \varepsilon_{i2} \tag{7.7}$$

$$Y_i(T_i, M_i(T_i)) = \alpha_3 + \beta_3 T_i + \gamma M_i + \xi_3^T X_i + \varepsilon_{i3}(T_i, M_i(T_i)) \tag{7.8}$$

$$S_{\beta_2\gamma} = \sqrt{\beta_2^{-2} S_{\beta_2}^2 + \hat{\gamma} S_\gamma^2} \tag{7.9}$$

在此模型中，首先，假如因变量 Y_i 与自变量 T_i 显著相关，则认为回归

系数 β_1 显著，如果回归系数 β_1 不显著则无回归意义。其次，在 β_1 显著的前提下依次对回归系数 β_2 与回归系数 γ 进行检验，当回归系数 β_2 与回归系数 γ 显著时则认为存在中介效应，若其中一个不显著则需要做 Sobel 检验，如式（7.9）所示，其中 S_{β_2}、S_{γ} 分别是 $\hat{\beta}_2$、$\hat{\gamma}$ 的标准误。最后，对回归系数 β_3 进行检验，以验证是完全中介效应还是部分中介效应。式（7.6）中系数 β_1 代表的是自变量 T_i 对因变量 Y_i 的总效应，式（7.7）与式（7.9）中回归系数 β_2 和回归系数 γ 是中介变量 M_i 的中介效应，回归系数 $\overline{\zeta(t)} = \beta_3$ 是直接效应（见图 7-3）。通过最小二乘法拟合线性方程（7.6）至方程（7.9）后。MacKinnon 等（2007）将系数 $\overline{\delta(t)} = \hat{\beta}_2 \hat{\gamma}$ 作为估计方程的中介效应，其中 $t = 1$。将 $\hat{\beta}_1 \sim \hat{\beta}_3$ 作为线性方程的中介效应，因为 $\hat{\beta}_1 = \hat{\beta}_2 \hat{\gamma} + \hat{\beta}_3$ 和 $\beta_1 = \beta_2 \gamma + \beta_3$ 总是不变。因此，通过线性和无交互以及序列可忽略性假设，运用系数乘积法进行因果中介效应估计。Kraemer（2012）以及 Kenny 等（2014），通过放宽无相互作用假设，提出了标准系数乘积法的替代方法。他们认为，假设核心解释变量和中介之间没有相互作用通常是不现实的，并用以下规范替换方程，如式（7.10）所示，其为有交互项时中介效应方程。

$$Y_i = \alpha_3 + \beta_3 T_i + \gamma M_i + \kappa T_i M_i + \xi_3^T X_i + \varepsilon_{i3} \tag{7.10}$$

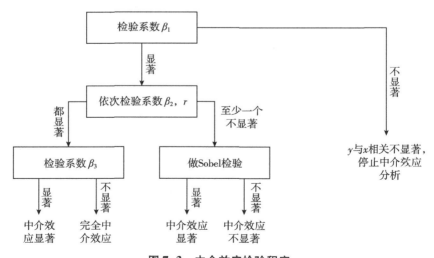

图 7-3　中介效应检验程序

资料来源：温忠麟，张雷，侯杰泰，等．中介效应检验程序及其应用［J］．心理学报，2004，(5)：614-620．

Kraemer（2008）认为，为了得出中介效应，除了 $\hat{\beta}_2$，要么 $\hat{\gamma}$ 或 $\hat{k}$ 必须统计上可区分。此外，给出了直接效应和总效应，如式（7.11）、式（7.12）所示。

$$\overline{\zeta}(t) = \beta_3 + \kappa\{\alpha_2 + \beta_2 t + \xi_2^T \mathbb{E}(X_i)\} \tag{7.11}$$

$$\overline{\tau} = \beta_2 \gamma + \beta_3 + \kappa\{\alpha_2 + \beta_2 + \xi_2^T \mathbb{E}(X_i)\} \tag{7.12}$$

对于 $t = 0$，1 的一致估计 $\overline{\zeta}(t)$ 和 $\overline{\tau}$ 可以通过替换方程的系数与最小二乘估计 $\mathbb{E}(X_i)$ 的样本平均值 X_i 计算获得，本研究用 $\overline{X}$ 表示。

而传统的逐步回归模型存在着许多问题，LSEM 结构存在无法使用特定中介效应统计模型外的结构问题，以及无法推广到非线性模型当中。本研究借鉴 Imai 等（2010）的方法应用非参数方法来估计中介效应产生的非线性影响，用式（7.13）代替式（7.6）。

$$Y_i = \alpha_3 + s(M_i) + \xi^T X_i + \varepsilon_{i3} \tag{7.13}$$

式（7.13）中，$s(\cdot)$ 是可估计数据非参数性的平滑非线性函数。在 LSEM 框架下，$s(\cdot)$ 被认为是一个线性函数。若存在交互项，在通过重新拟合模型后，我们建立以下方程：

$$Y_i = \alpha_3 + s_0(M_i)(1 - T_i) + s_1(M_i)T_i + \xi^T X_i + \varepsilon_{iq} \tag{7.14}$$

基于式（7.13）与式（7.14），本研究运用非参数中介模型探讨基于居民健康水平为中介变量的医药制造业与医疗服务业耦合协调度对经济增长的非线性影响。

二、耦合协调发展对经济增长的总效应

1. 共曲线性检验

由表 7-5 可知，对本节所涉及的影响经济增长的 7 个指标——居民健康水平、医药制造业与医疗服务业耦合协调度、城镇化、老龄化、教育投入、技术进步与基础设施建设之间的共曲线性进行检验，结果表明各变量拟合值之间的相关系数值均小于 4.4。因此本研究中变量之间的线性关系是微不足道的。

表 7-5 变量间共曲线性检验结果

变量	居民健康水平	两产业耦合协调度	城镇化	老龄化	教育投入	技术进步	基础设施建设
共曲线性检验	2.389	2.939	4.348	3.555	1.335	2.379	2.626

资料来源：笔者测算。

通过表 7-5 可以看出，所有变量对经济增长的影响均通过显著性检验。表明所有变量均对经济增长产生影响。

2. 耦合协调对经济增长的总效应结果

医药制造业与医疗服务业耦合协调发展水平对经济增长的总效应如表 7-6 所示。耦合协调对经济增长的影响中，各变量均为非线性影响，且都通过了显著性检验。表明各因素对经济增长的非线性影响显著。详细结果见图 7-4。

表 7-6 影响因素对经济增长总效应非参数检验结果

变量	估计自由度	参考自由度	F 值	P 值
居民健康水平	7.854	8.645	4.146	0.000***
两产业耦合协调度	2.828	3.577	100.823	0.000***
城镇化水平	8.38	8.852	82.441	0.000***
老龄化	4.671	5.827	5.35	0.000***
教育投入	4.184	5.214	8.058	0.000***
技术进步	3.077	3.891	4.319	0.002**
基础设施建设	8.33	2.955	16.175	0.000***
常数项	10506	0.006	1658.000	0.000***

注：***、**、*分别表示在 1%、5% 和 10% 水平下显著。

资料来源：笔者测算。

如图 7-4 所示，在居民健康水平与耦合协调发展的共同作用下，居民健康水平对经济增长的影响为"M"型的负向非线性影响。当居民健康水平小于 5.21‰（居民健康水平绝对值小于 1.65）时，居民健康水平对经济增长影响较小，但系数为负，伴随居民健康水平下降，促进经济增长的效果逐渐减弱。当居民健康水平处于 5.21‰~5.75‰（居民健康水平绝对值处于 1.6~1.75）时，居民健康水平对经济增长的影响系数在 0 附近波动，居民健康水平对经济增长无影响。当居民健康水平处于 5.75‰~7.38‰（居民健康水平绝对值处于 1.75~2.0）时，居民健康水平对经济增长影响系数为负，居民健康水平促进经济增长。可见，居民健康水平提升会促进经济增长，不同水平的居民健康水平对经济增长促进程度不同。

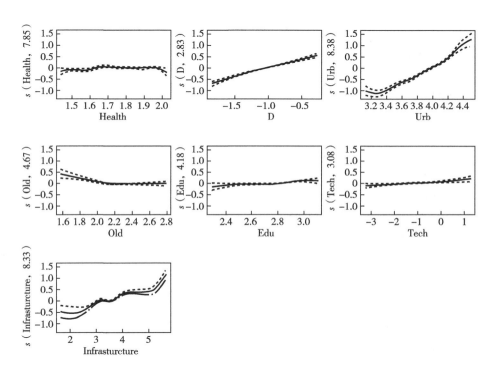

图 7-4 影响因素对经济增长的总效应

资料来源：笔者测算。

两产业耦合协调发展对经济增长的非线性影响呈现增长趋势，同直接效应相同。当两产业耦合协调发展处于较低水平时，随着两产业耦合协调发展水平增长，对经济增长产生抑制影响，但影响程度逐渐减弱；当两产业耦合协调发展水平指数的对数值达到 0.367（对数值取-1）时，其对经济增长平均量的影响程度为 0。随着两产业耦合协调发展水平指数持续增加，开始促进经济增长。两产业耦合协调发展对经济增长总影响同直接影响相同。其他影响因素对经济增长的影响与在两产业耦合协调发展的直接作用下对经济增长的直接影响走势大致相同。

为对比非参数回归模型的拟合效果，本研究也列出传统的线性回归模型进行对比（见表7-7）。

表 7-7　影响因素对经济增长总效应线性检验结果

变量	估计系数	Std. Error	t 值	P 值
居民健康水平	-0.161	0.103	-1.567	0.113
两产业耦合度	0.937	0.043	21.686	0.000***
城镇化水平	1.537	0.067	23.038	0.000***
老龄化	-0.262	0.072	-3.621	0.000***
教育投入	-0.094	0.062	-1.527	0.128
技术进步	0.049	0.015	3.271	0.001**
基础设施建设	0.239	0.021	11.598	0.000***
常数项	5.777	0.448	12.884	0.000***

注：***、**、* 分别表示在1%、5%和10%水平下显著。

资料来源：笔者测算。

由表7-7可以看出，除居民健康水平、教育投入外，其他变量在5%的显著性水平下，解释变量的线性估计结果通过了显著性检验。医药制造业与医疗服务业耦合协调发展水平对区域经济增长的影响系数为0.937，表示医药制造业与医疗服务业耦合协调发展水平每增加1%，经济增长将上升0.937个百分点。线性影响系数为正，表示医药制造业与医疗服务业耦合协调发展促进经济增长。通过运用总效应线性检验相关结论来验证结论稳健性。结果显示，OLS结论和非参数总影响的结论一致。

3. 拟合效果检验

为了检验模型的拟合效果，本研究基于AIC指数和残差平方和对非参数模型拟合效果做进一步检验，并将检验结果与传统线性模型的检验结果对比（见表7-8）。结果显示，非参数模型的AIC值与残差平方和低于传统线性模型，表明非参数模型相较于传统的线性模型，其精度更高。

表 7-8　非参数模型拟合效果检验

变量	传统线性模型			非参数模型		
	两产业耦合协调发展直接效应	居民健康水平影响因素	两产业耦合协调发展总效应	两产业耦合协调发展直接效应	居民健康水平影响因素	两产业耦合协调发展总效应
AIC	−239.170	−824.957	−239.669	−454.232	−929.198	−478.801
残差平方和	12.679	2.996	12.602	6.625	1.917	5.963

资料来源：笔者测算。

三、基于居民健康水平的中介效应分解

为验证"两产业耦合协调发展—提升健康效应—促进经济效应"的影响路径，选用中介效应检验法，检验医药制造业与医疗服务业耦合协调发展对经济增长的直接效应、中介效应和总效应。方杰等（2012）推荐使用 Bootstrap 法直接对中介效应进行检验，所以本研究采用非参数 Bootstrap 法进行中介效应分析。表 7-9 反映了医药制造业与医疗服务业耦合协调发展对经济增长的总效应、直接效应与间接效应检验结果。

表 7-9　中介效应拟合效果检验

总效应	直接效应	间接效应［95% CI］
−2.931***	0.717	−3.648*** ［−8.331, −0.940］

注：***、**、*分别表示在 1%、5% 和 10% 水平下显著。
资料来源：笔者测算。

从表 7-9 中可以看出，医药制造业与医疗服务业耦合协调水平对经济增长效应的间接效应、总效应均通过显著性检验，间接效应的 95% 置信区间很显然不包含 0，说明两产业耦合协调发展通过提升居民健康水平促进经济增长的中介效应成立。中介效应检验结果证明假设 2，"两产业耦合协调发展—提升健康效应—促进经济效应"的发展路径是可行的。

第四节　本章小结

本章首先从直接效应、间接效应两个方面对两产业耦合协调发展的经济效应影响机理进行分析；其次通过非参数模型考察两产业耦合协调对经济增长的直接效应，并运用广义线性模型检验直接效应的稳健性；再次通过非参数模型考察两产业耦合协调对经济增长的总效应，并运用非参数拟合效果检验与广义线性模型证明总效应的稳健性；最后通过中介效应结果检验间接效应影响机理，验证"两产业耦合协调发展—提升健康效应—促进经济效应"的影响路径。

（1）对经济效应影响机理梳理可知：医药制造业与医疗服务业耦合协调发展直接通过提高两产业综合发展水平、优化健康产业结构、实现产业协同创新、扩大政策效果和加速新兴行业发展等途径，直接影响一国或一地区的经济增长。医药制造业与医疗服务业耦合协调发展也通过促进居民健康水平，进而提高劳动供给质量、优化人力资本效率、推动技术进步，提高储蓄率以及影响居民效用，间接对经济增长产生影响。

（2）应用非参数回归模型，分别测度医药制造业与医疗服务业耦合协调发展水平对经济增长的非线性直接效应、总效应，通过线性回归模型与非参数拟合效果检验验证非线性直接效应与总效应的结果是稳健的。研究表明，不同的耦合协调发展水平对经济增长影响不同，但影响水平伴随耦合协调发展程度的增加而增加，良好的医药制造业与医疗服务业耦合协调发展水平对经济增长具有显著的促进作用。最后，通过中介效应结果检验间接效应影响机理，验证"两产业耦合协调发展—提升健康效应—促进经济效应"的影响路径。

第八章 结论与政策建议

第一节 基本结论

健康是人类发展的一个重要目标和追求，医药制造业与医疗服务业耦合协调发展的最根本目标是提高居民健康水平，在建设健康中国的大背景下，研究中国医药制造业与医疗服务业耦合协调发展问题具有非常重要的理论意义和现实意义。本研究旨在合理、准确地度量我国医药制造业与医疗服务业耦合协调发展水平。首先，经过重心模型与 Dagum 基尼系数测度医药制造业与医疗服务业综合发展水平时空分布是否存在相同趋势，通过耦合协调模型对两产业耦合协调发展程度进行测度，通过 Tapio 指数测度两产业发展速度是否匹配，并运用解耦方法进一步识别出落后产业内的主要障碍因子。其次，基于空间溢出与空间分异视角对医药制造业与医疗服务业耦合协调发展的影响因素进行识别。再次，运用贝叶斯模型平均方法探究耦合协调度对居民健康水平的影响。最后，通过非参数中介模型验证"耦合协调水平—居民健康效应—经济增长效应"的发展路径。在此基础上，有针对性地提出促进医药制造业与医疗服务业耦合协调发展的有效措施，促进卫生行业的内部资源分配，为"健康中国"的实施工作和制定相应的政策和决策提供了科学的参考。在此基础上，得出如下结论。

第三章从产业规模、经济效益、社会贡献和产业潜力四个维度构建医药制造业与医疗服务业综合发展评价指标体系，运用熵权—TOPSIS 赋权方法测度出医药制造业与医疗服务业综合发展水平，发现两产业综合发展水平均不高，在时间维度保持相似的发展步伐，在空间维度上局部分布存在相似特征。再通过重心模型发现医药制造业与医疗服务业综合发展水平在空间变化方向一致，空间分布出现逐渐重合的特征。通过 Dagum 基尼系数与收敛系数，发现医药制造业与医疗服务业综合发展水平的总体区域差距较大，区域差异均存在逐渐降低的趋势。

第四章基于第三章测度出的医药制造业与医疗服务业综合发展水平，通过耦合协调模型测度出两产业耦合协调发展水平。两产业耦合协调度整体呈现出明显的逐年增加的趋势，在省级和地区范围内的变化趋势与整体上相似，但区域间差异逐年增大。结合 Tapio 指数与耦合协调度模型综合分析，发现两产业增速不匹配会阻碍其耦合协调发展，医药制造业的相对落后是制约两产业耦合协调发展的直接原因。运用解耦方法识别出医药制造业的发展研发能力不足，发展潜力低下是两产业耦合发展水平的主要障碍因子。通过贝叶斯线性模型预测出耦合协调发展水平在 2019 年后保持增长态势，预计在 2026 年达到优质耦合水平。

第五章从空间相关、空间溢出以及空间异质性等方面探究两产业协调发展水平的影响因素。基于产业协调发展与新经济地理学研究视角，通过全局 Moran's I 指数，发现医药制造业与医疗服务业耦合协调度存在显著的正空间相关性；通过局域 Moran's I 指数，发现各省份在医药制造业与医疗服务业协调发展水平的集聚演进过程中，大部分省份单元朝第一象限移动，空间相关性逐渐增强。基于空间溢出视角，通过空间时间固定效应杜宾模型，发现固定资产投资、具有非线性特征的协同集聚以及基础设施建设会促进邻近地区两产业耦合协调发展，教育投入与环境规制会抑制本地区、邻近地区两产业耦合协调发展。基于空间异质性视角，通过地理探测器模型，发现固定资产投资、技术进步以及基础设施建设对两产业耦合协调程度空间分布具有较大影响。

第六章对两产业耦合协调的健康效应进行理论分析与实证检验。首先，得益于社会主义制度的优越性，我国人口死亡率在近 10 年维持在 7‰以上，虽然远低于其他发达国家的人口死亡率，但随着人口老龄化程度的加剧，我国人口死亡率有增长态势，即居民健康水平有下降趋势。其次，以第四章测度的两产业耦合协调发展水平为主要解释变量，通过贝叶斯模型平均检验两产业耦合协调发展促进居民健康水平提升。最后，通过稳健性检验证明了结论的可靠性。实证发现两产业耦合协调发展、技术进步会促进居民健康水平提升，政府控制差距、环境污染、生活变量、老龄化、气温变量和教育变量均会抑制居民健康水平。

第七章对两产业耦合发展的经济效应进行理论分析与实证检验，并验证"两产业耦合协调发展—提升健康效应—促进经济效应"的影响路径。首先，分析两产业耦合协调发展对经济增长的直接效应与间接效应的理论机理。其次，通过非参数模型证明两产业耦合协调促进经济增长的直接效应，并运用广义线性模型检验出直接效应的稳健性。再次，运用非参数模型证明两产业耦合协调促进经济增长的总效应，并运用非参数拟合效果检验与广义线性模型证明总效应的稳健性。最后，通过中介效应结果检验间接效应影响机理，验证"两产业耦合协调发展—提升健康效应—促进经济效应"的影响路径。

第二节　问题剖析与政策建议

结合本书的研究结论，本书拟从医药制造业、医疗服务业以及两产业耦合协调发展三个角度提供政策建议。

（1）医药制造业。通过前面的分析发现，当前，我国医药制造业综合发展水平是制约两产业耦合协调发展的直接原因，医药制造业研发能力不强，成长潜力低下是两产业耦合发展水平的主要障碍因子。针对医药制造业当前的发展困境提出以下建议。

政府加大医药制造企业创新激励力度，促进产学研协同发展。政府要落实好各类创新激励政策，以促进医药制造企业加大研发投入，培育壮大新动能。产学研协同发展是基础研究转化为生产力、促进知识产出走向市场的有效手段。高校以及科研院所是我国各行业高水平人才聚集的场所，每年均有大量的专利以及高水平论文产出，但由于缺少更多的资金或者平台，大部分知识产出只停留在实验室阶段并未走向市场，带来经济收益或者造福更多的民众。制药企业可以出资支持高校实验室研发创新，产出的科研成果则可以由企业和高校共享，一方面，能够改善制药企业研发效率低下的现状，推动高校的创新成果由实验室走向市场，促进创新成果效益最大化，获得高校和企业双赢的局面；另一方面，校企合作的创新模式也能够鼓励优秀的研发人员走向企业，壮大企业研发创新队伍。

（2）医疗服务业。我国目前的卫生事业呈现出较好的发展势头，但仍有不平衡的问题。本研究就目前我国医药行业发展的状况，给出了以下几点意见。

第一，从全国范围来看，要实现东中西部地区的整体协调发展，必须在全国范围内实现医疗服务业的高质量发展。东中西部的医疗服务业综合发展水平不均衡，东部省份总体上处于较高的水平，而中西部的医疗资源和服务质量却较差。中央政府应区别对待，要合理地调整投资的导向。加大对中西部的投资力度，加大对中西部的财政扶持力度，推动各地区之间的经济发展。我国医药行业的区域发展模式的调整应从以下两个角度进行：一是促进西部地区的医疗服务业发展，提升医疗服务业的服务水平；二是改善目前西部落后的医疗卫生条件，实施面向全国的免费医生项目，引进优秀的医学毕业生，把优秀的医生带往西部，解决西部医疗资源匮乏的问题，同时也需要适度增加落后地区医务工作者的福利，强化对现有医务工作者的培养，提升专业技术水平，促进当地医疗卫生事业的发展。

第二，完善卫生财政体制，健全医疗卫生补助机制。我国医疗服务业主要依赖于各级政府的财政拨款。因此应建立以中央财政和省级财政为主导的医疗卫生财政支出体系，保证各级政府医疗服务业的均衡发展。

（3）两产业耦合协调发展。两产业当前耦合协调发展程度较低，具有良好的耦合协调发展趋势。针对两产业耦合协调发展现状，提出以下建议。

第一，抓住"健康中国"新机遇，深化两产业耦合协调程度。在"健康中国"国家战略背景下，政府可以通过政策资源、人力资源以及健康服务与产品资源三个方面深化两产业耦合协调程度。首先，政策资源的互融与合作。通过法律政策规范医药与医疗服务市场，打击药价虚高，提升医疗服务质量，加强两产业间合作互动，畅通健康产业内循环，促进两产业融合。其次，人力资源的互融与合作。有针对性地改革传统医院人事制度，建立合理有效的人力资源激励与约束机制，鼓励医师开展跨医疗行业内外部的合作，如医师的多点执业制度，药事服务费逐步取代医药加成，最大化发挥医疗领域的人力资源优势，促进两产业人力资源融合。最后，医疗服务与产品资源的互融与合作。调整产业政策，鼓励医药制造业产业发展，实现新兴医药制造业与传统医疗机构、高精尖药品与基本药物的可持续发展，加深两产业耦合协调程度。

第二，顺应"互联网+健康"发展趋势，更新两产业耦合协调模式。一方面，在"互联网+健康"时代背景下，两产业耦合协调发展关系格局也在不断变化。在这一次的工业转型中，企业的信息化水平突飞猛进，网络技术的普及，人工智能技术的兴起，集成式智能化的技术革新，都为制药企业的高品质发展注入了巨大的潜力。制药企业通过数字技术在制药工业中的大量运用，降低了流水线上的人力资源，以提升整个生产的生产率和质量，进而加强了两个行业的整体综合发展水平，缩小了两个行业之间的差距，实现了两个行业的协同发展。另一方面，"互联网+健康"将进一步激发新产业、新模式、新技术的产生，新兴的医疗诊疗平台（丁香园）、医疗信息电子化以及一体化的医疗诊疗系统平台正不断提升医疗服务质量，优化医疗服务效率，为两产业耦合协调发展提供潜能。"互联网+"将催生新的产业、新的模式和新的技术，我们应该把握这一重大的历史机遇，在电子商务、互联网金融等崭新领域，促进医药制造业与医疗服务业耦合协调发展模式的升级迭代。

参考文献

［1］艾晓玉．基于德尔菲法的公共文化协同供给模型的构建［J］．太原城市职业技术学院学报，2020（3）：15-17.

［2］蔡新民，刘金全，方毅．我国交通基础设施建设对经济增长的影响研究［J］．经济纵横，2017（4）：70-76.

［3］曹允春，林浩楠．基于1998—2018年年度数据的我国对外经济贸易与医药制造业互动关系实证研究［J］．中国药房，2020，31（14）：1670-1676.

［4］陈建军，陈菁菁．生产性服务业与制造业协调发展研究综述——基于产业及空间层面的解释［J］．社会科学战线，2011（9）：40-47.

［5］陈秀英，李健斌．粤港澳大湾区生产性服务业与制造业耦合协调发展的时空演变特征分析与路径优化［J］．南京财经大学学报，2021（1）：34-44.

［6］陈仰东．三医联动的内涵、意义与机制建设［J］．中国医疗保险，2016（10）：19-21.

［7］陈云，吴雨．长江经济带人口健康水平的空间格局及影响因素［J］．经济地理，2020，40（9）：152-159.

［8］崔日明，邹康乾．生产性服务业与全球价值链分工体系——基于我国制造业的研究［J］．经济经纬，2020，37（4）：56-63.

［9］代洲，王钢，严英杰，刘亚东，于中玉，杨瑞波．基于组合赋权和模糊综合评判的电网企业物资品控体系综合能效评价［J］．华南理工大学学报（自然科学版），2020，48（7）：47-54.

［10］邓晓兰，鄢哲明，武永义．碳排放与经济发展服从倒 U 型曲线关系吗——对环境库兹涅茨曲线假说的重新解读［J］．财贸经济，2014（2）：19-29.

［11］杜传忠，王鑫，刘忠京．制造业与生产性服务业耦合协同能提高经济圈竞争力吗？——基于京津冀与长三角两大经济圈的比较［J］．产业经济研究，2013（6）：19-28.

［12］方创琳．京津冀城市群协同发展的理论基础与规律性分析［J］．地理科学进展，2017，36（1）：15-24.

［13］冯泰文，孙林岩，何哲，邢星．生产性服务业影响制造业能耗强度的路径分析［J］．科研管理，2009，30（4）：80-88.

［14］傅为忠，王杰．高技术产业与生产性服务业协调发展水平评价研究——基于改进灰色关联模型［J］．工业技术经济，2015，34（2）：124-133.

［15］傅智宏，姚轶蓉．引入产业集群与动态效率的区域产业竞争力比较研究［J］．商业经济，2021，（10）：53-56.

［16］高鹏斌，李雪，吴伟伟，于渤．内部研发和外部研发耦合对制造业升级的影响：基于山东制造业的实证研究［J］．技术经济，2020，39（2）：156-163.

［17］高洋，宋宇．生产性服务业集聚对区域制造业技术进步的影响［J］．统计与信息论坛，2018，33（4）：75-84.

［18］公维民，张志斌，高峰，李瑞红，马晓梅．关联视角下兰州市生产性服务业与制造业空间分布及区位选择比较［J］．地理研究，2021，40（11）：3154-3172.

［19］桂夏芸，傅春，陈佶玲．电商小镇与其特色产业的耦合协调发展分析——基于熵权 TOPSIS 模型［J］．商业经济研究，2020（1）：182-184.

［20］郭立伟，沈满洪．以生态文明建设促进区域经济协调发展的政策选择［J］．生态经济，2011（12）：24-29.

［21］郭庆旺，贾俊雪．公共教育政策、经济增长与人力资本溢价［J］．经济研究，2009，44（10）：22-35.

［22］韩璐，鲍海君．基于 Cobb-Douglas 生产函数的高技术产业用地行

业错配及其产出缺口研究［J］.中国土地科学，2019，33（9）：37-46.

［23］何向武，周文泳.创新生态系统序参量与演化关系——以我国医药制造业为例［J］.科技与经济，2019，32（3）：31-35.

［24］洪名勇，娄磊，龙娇.基于健康生产函数的我国居民健康影响因素分析［J］.统计与决策，2021，37（18）：76-80.

［25］侯杰，张梅青.城市群功能分工对区域协调发展的影响研究——以京津冀城市群为例［J］.经济学家，2020（6）：77-86.

［26］胡绪华，陈默，罗雨森，陈业昕.制造业与生产性服务业耦合协调、空间共聚与绿色创新效应研究［J］.统计与信息论坛，2021，36（7）：97-112.

［27］胡元瑞，田成志，吕萍.产业转型升级与新型城镇化建设的时空耦合效应机理与实证研究［J］.工业技术经济，2020，39（9）：80-87.

［28］黄建欢，杨晓光，胡毅.资源、环境和经济的协调度和不协调来源——基于 CREE-EIE 分析框架［J］.中国工业经济，2014（7）：17-30.

［29］吉亚辉，李岩，苏晓晨.我国生产性服务业与制造业的相关性研究——基于产业集聚的分析［J］.软科学，2012，26（3）：15-19+38.

［30］江洪，赵宝福.碳排放约束下能源效率与产业结构解构、空间分布及耦合分析［J］.资源科学，2015，37（1）：152-162.

［31］江胜名，张欣欣，江三良.中国生产性服务业的经济波动效应研究［J］.华东经济管理，2016，30（11）：109-113.

［32］蒋冠，霍强.中国城镇化与经济增长关系的理论与实证研究［J］.工业技术经济，2014，33（3）：33-41.

［33］金戈.不同层次和来源教育投入对地区全要素生产率的影响［J］.浙江社会科学，2014（6）：117-127+159.

［34］金荣学，解洪涛.中国城市化水平对省际经济增长差异的实证分析［J］.管理世界，2010（2）：167-168.

［35］康学芹，廉雅娟.中美高新技术产业竞争力比较与中国的战略选择［J］.河北经贸大学学报，2020，41（1）：76-85.

［36］柯健，李超.基于 DEA 聚类分析的中国各地区资源、环境与经济协调发展研究［J］.中国软科学，2005（2）：144-148.

［37］李东兵，宓淑婧．粤港澳大湾区制造业与生产性服务业耦合关系研究［J］.大连海事大学学报（社会科学版），2020，19（4）：87-93.

［38］李华，俞卫．政府卫生支出对中国农村居民健康的影响［J］.中国社会科学，2013（10）：41-60+205.

［39］李蕾，李靖宇，刘兵，乔晗．医疗卫生服务模式与资源配置的国际比较［J］.管理评论，2017，29（3）：186-196.

［40］李宁，王玉婧，韩同银．生产性服务业与制造业协同发展机理研究——基于产业、空间、企业活动多维视角［J］.技术经济与管理研究，2018（7）：124-128.

［41］李宛亭，王素，陈玉文．我国区域医药经济发展水平与医药制造业研发资金投入关系研究［J］.中国新药杂志，2021，30（1）：6-12.

［42］李晚莲，刘思涵．基于层次分析法的社区医疗卫生机构应急能力评价［J］.湖南社会科学，2018（2）：142-147.

［43］李微，石昀灵．黑龙江森工林区林业产业结构演变趋势及优势产业选择［J］.林业经济问题，2019，39（6）：615-620.

［44］李文，李云鹤．生产性服务业的质与量对制造业的溢出效应研究——来自 OECD 国家的随机前沿方法的分析［J］.产业经济研究，2013（2）：48-55.

［45］李晓钟，黄蓉．工业 4.0 背景下我国纺织产业竞争力提升研究——基于纺织产业与电子信息产业融合视角［J］.中国软科学，2018（2）：21-31.

［46］李勇，王满仓，杨建飞．中国生产性服务业区域发展差异的分解——基于劳动分工理论和 Shapley 值分解方法［J］.产经评论，2010（5）：5-16.

［47］李志强，吴心怡．产业协调发展对区域经济的影响研究——基于制造业与生产性服务业面板数据模型的分析［J］.商业研究，2016（4）：25-32.

［48］李忠，李伯阳，贺睿博，等．卫生服务体系发展不充分不平衡与有效治理：一个理论分析框架［J］.中国卫生政策研究，2019，12（9）：12-18.

［49］廖斌，王婷．生态使命贫困地区精准扶贫与生态保护的耦合协调研究［J］．统计与决策，2020，36（3）：67-70.

［50］林光平，龙志和，吴梅．中国地区经济 σ-收敛的空间计量实证分析［J］．数量经济技术经济研究，2006（4）：14-21+69.

［51］林鸿熙．政府参与下产学研协同创新的利益协调演化博弈研究［J］．数学的实践与认识，2021，51（24）：96-105.

［52］刘国恩，William H. Dow，傅正泓，John Akin．中国的健康人力资本与收入增长［J］．经济学（季刊），2004（4）：101-118.

［53］刘佳，代明，易顺．先进制造业与现代服务业融合：实现机理及路径选择［J］．学习与实践，2014（6）：23-34.

［54］刘军跃，李军锋，钟升．生产性服务业与装备制造业共生关系研究——基于全国 31 省市的耦合协调度分析［J］．湖南科技大学学报（社会科学版），2013，16（1）：111-116.

［55］刘琳．生产性服务业集聚与城市制造业出口升级——基于空间杜宾模型的实证检验［J］．技术经济与管理研究，2021（4）：122-128.

［56］刘满凤，刘玉凤．基于多目标规划的鄱阳湖生态经济区资源环境与社会经济协调发展研究［J］．生态经济，2017，33（5）：100-105+159.

［57］刘平良，钟锭，柯飞，等．医疗卫生领域的主要矛盾及其化解策略——基于湖南相关数据分析［J］．卫生经济研究，2018（11）：4.

［58］刘小勇．老龄化与省际经济增长倒 U 型关系检验［J］．中国人口·资源与环境，2013，23（5）：98-105.

［59］刘晓君，王东旭，胡伟．基于 TOPSIS 熵权模型的绿色建筑产业与其支撑环境耦合协调研究——以陕西省为例［J］．数学的实践与认识，2021，51（2）：298-307.

［60］刘亚臣，王欢，宫险峰．基于主成分分析法的沈阳市房地产供求协调度分析［J］．工业技术经济，2008（9）：138-141.

［61］刘奕辰，栾维新，万述林．制造业服务化是否匹配制造业生产效率——基于联立方程的多重中介效应实证［J］．山西财经大学学报，2020，42（1）：56-71.

［62］刘宇，康健，邵云飞．供给侧改革视域下高技术产业创新投入要

素与成果产出关系研究——来自我国医药制造业的耦合证据 [J]. 科技进步与对策，2019，36（11）：64-69.

［63］刘振中. 生产性服务业协同推进制造业区域间转移研究——基于供应链动态关联视角 [J]. 经济纵横，2021（10）：59-69.

［64］陆保一，明庆忠，郭向阳，刘安乐，韩磊. 中国旅游业-科技创新-区域经济的耦合态势及其预测分析 [J]. 地理与地理信息科学，2020，36（2）：126-134.

［65］陆培志. 层次分析法在城市生态环境评价中的运用 [J]. 中国资源综合利用，2018，36（4）：114-116.

［66］陆小成. 生产性服务业与制造业融合的知识链模型研究 [J]. 情报杂志，2009，28（2）：117-120+124.

［67］罗海江. 经济增长与污染排放的空间耦合分析——以工业废水为例 [J]. 生态环境学报，2013，22（7）：1199-1203.

［68］罗建，何传磊，赵蕾，薛锋. 基于云模型的区域物流与经济耦合度研究 [J]. 交通运输工程与信息学报，2020，18（1）：160-167.

［69］马爱迪，岳忠，孙宝平，陈大伟. 基于改进组合赋权法的建筑火灾保险费率研究 [J]. 中国安全科学学报，2020，30（11）：134-140.

［70］马珩. 制造业高级化测度指标体系的构建及其实证研究 [J]. 南京社会科学，2012（9）：30-36.

［71］马勇，陈雨露. 金融杠杆、杠杆波动与经济增长 [J]. 经济研究，2017，52（6）：31-45.

［72］彭白丽，黄阳平. 海峡西岸城市群产业协调发展研究 [J]. 金融经济，2018（12）：28-31.

［73］彭浩然，吴木銮，孟醒. 中国财政分权对健康的影响 [J]. 财贸经济，2013（11）：33-44.

［74］彭徽，匡贤明. 中国制造业与生产性服务业融合到何程度——基于 2010—2014 年国际投入产出表的分析与国别比较 [J]. 国际贸易问题，2019（10）：100-116.

［75］齐良书. 收入、收入不均与健康：城乡差异和职业地位的影响 [J]. 经济研究，2006（11）：16-26.

[76] 邱东. 多指标综合评价中合成方法的系统分析 [J]. 财经问题研究, 1991 (6)：39-42.

[77] 邱灵, 申玉铭, 任旺兵. 北京生产性服务业与制造业的关联及空间分布 [J]. 地理学报, 2008, 63 (12)：1299-1310.

[78] 曲卫华, 颜志军. 环境污染、经济增长与医疗卫生服务对公共健康的影响分析——基于中国省际面板数据的研究 [J]. 中国管理科学, 2015, 23 (7)：166-176.

[79] 任永健, 付鹏鸿. 生产性服务业与制造业产业关联融合研究——基于黑龙江省投入产出表的实证分析 [J]. 统计与咨询, 2021 (5)：2-5.

[80] 邵海亚, 陶鹏. 新医改下社区卫生服务机构的行为逻辑——基于扎根理论视角的研究 [J]. 中国卫生政策研究, 2017, 10 (3)：54-60.

[81] 邵汉华, 周磊, 刘耀彬. 中国创新发展的空间关联网络结构及驱动因素 [J]. 科学学研究, 2018, 36 (11)：2055-2069.

[82] 沈蕾, 王思璐. 基于产业生命周期的区域协同发展理论框架——以京津冀医药制造业为例 [J]. 求索, 2016 (1)：79-83.

[83] 沈绮云, 欧阳河, 欧阳育良. 产教融合目标达成度评价指标体系构建——基于德尔菲法和层次分析法的研究 [J]. 高教探索, 2021 (12)：104-109.

[84] 沈莎. 创新管理机制, 推进三医联动 [J]. 中国卫生事业管理, 2016, 33 (8)：635-637.

[85] 施震凯, 王美昌. 中国市场化进程与经济增长：基于贝叶斯模型平均方法的实证分析 [J]. 经济评论, 2016 (1)：26-38.

[86] 宋长青, 程昌秀, 杨晓帆, 等. 理解地理"耦合"实现地理"集成"[J]. 地理学报, 2020, 75 (1)：3-13.

[87] 苏竣, 张煜. 海南省科技创新与区域经济的耦合协调分析 [J]. 科技管理研究, 2021, 41 (14)：1-9.

[88] 孙畅, 郭元晞. 我国高端服务业与先进制造业的动态匹配发展：空间分异及动力机制 [J]. 经济问题探索, 2020 (1)：178-190.

[89] 孙畅. 中国高端服务业与先进制造业互动效应的非平衡性——基于要素分解视角的实证研究 [J]. 山西财经大学学报, 2020, 42 (5)：

61-75.

［90］孙先民，韩朝亮．生产性服务业与制造业耦合发展——中国嵌入全球价值链实现路径［J］．商业研究，2019（7）：50-60.

［91］孙晓华，王昀，郑辉．R&D 影响全要素生产率的行业异质性——来自中国制造业的经验证据［J］．管理工程学报，2014，28（3）：33-41.

［92］汤长安，邱佳炜，张丽家，李红燕．要素流动、产业协同集聚对区域经济增长影响的空间计量分析——以制造业与生产性服务业为例［J］．经济地理，2021，41（7）：146-154.

［93］唐晓华，张欣珏，李阳．中国制造业与生产性服务业动态协调发展实证研究［J］．经济研究，2018，53（3）：79-93.

［94］陶春海，胡萌，史言信．医疗服务业与医药制造业发展耦合协调度的测度及影响因素［J］．当代财经，2021（2）：113-123.

［95］陶春海．中国医疗服务生产效率评价研究［D］．江西财经大学，2010.

［96］王东进．"三医联动"是深化医改的不二方略［J］．中国医疗保险，2015（11）：5-7.

［97］王晗．文化产业发展能够促进经济增长吗？［J］．财经问题研究，2016（5）：48-53.

［98］王俊，昌忠泽．中国宏观健康生产函数：理论与实证［J］．南开经济研究，2007（2）：20-42.

［99］王俊鹏，张乐，李丽，李进红，马瑜，汪莉，付强强．医防融合视角下的基层医疗卫生服务体系耦合度实证研究［J］．卫生软科学，2021，35（4）：33-35+40.

［100］王坤，李春成，马虎兆．基于专利视角的京津冀医药制造业协同创新评价［J］．科技管理研究，2017，37（19）：78-84.

［101］王孟欣，蓝汉勇，李朗．产业关联及技术创新扩散效应——基于装备制造业与生产性服务业的分析［J］．江苏大学学报（社会科学版），2022，24（1）：24-36.

［102］王三兴，董文静．中国制造业的分工地位和国际竞争力研究——基于行业上游度和 RCA 指数的测算［J］．南京财经大学学报，2018

（4）：44-52.

　　[103] 王少平，欧阳志刚．我国城乡收入差距的度量及其对经济增长的效应 [J]．经济研究，2007，42（10）：44-55.

　　[104] 王晓蕾，王玲．我国物流业制造业融合发展对制造业的产业升级效应及地区差异研究 [J]．经济问题探索，2022，（2）：94-111.

　　[105] 王雪莹，叶堂林，李璐．高技术制造业与生产性服务业耦合协调及影响因素——来自三大城市群的实证研究 [J]．首都经济贸易大学学报，2021，23（6）：26-42.

　　[106] 王燕，孙超．产业协同集聚对产业结构优化的影响——基于高新技术产业与生产性服务业的实证分析 [J]．经济问题探索，2019（10）：146-154.

　　[107] 吴传清，邓明亮．长江经济带沿线省市医药制造业竞争力的动态评价 [J]．长江大学学报（社会科学版），2017，40（1）：44-48.

　　[108] 吴丹，胡晶．我国科技—经济—生态系统的综合发展水平及其协调度评价——基于灰关联投影寻踪协调度组合评价模型 [J]．工业技术经济，2017，36（5）：140-146.

　　[109] 吴连霞，赵媛，吴开亚，管卫华．人口结构与经济重心空间耦合演化及机制探析——以江苏省为例 [J]．经济问题探索，2017（12）：91-101.

　　[110] 武宵旭，韩永楠，葛鹏飞．中国制造业自主创新与全要素生产率的耦合协调性研究 [J]．经济问题探索，2021（8）：141-154.

　　[111] 谢洪军，曾志强，吴优．重庆市高端制造业产业结构与竞争力评价——基于动态偏离-份额 Esteban 模型 [J]．重庆理工大学学报（自然科学），2019，33（12）：222-228+239.

　　[112] 辛怡．中国农村卫生可及性与居民健康不平等的关系研究 [D]．南开大学，2012.

　　[113] 熊杨．我国城镇居民消费结构及其发展趋势分析 [J]．现代经济信息，2011（7）：222.

　　[114] 薛永刚．基于偏离-份额分析法的广东省医药制造业产业结构竞争力分析 [J]．中国医药工业杂志，2018，49（7）：1033-1039.

[115] 薛宇，王长青，朱亚. ARIMA-灰色耦合模型下区域医疗卫生服务量预测 [J]. 卫生软科学，2019，33（11）：51-56+76.

[116] 杨蕙馨，田洪刚. 中国制造业技术进步与全球价值链位置攀升——基于耦合协调的视角 [J]. 安徽大学学报（哲学社会科学版），2020，44（6）：130-144.

[117] 杨继生，徐娟，吴相俊. 经济增长与环境和社会健康成本 [J]. 经济研究，2013，48（12）：17-29.

[118] 杨丽君，邵军. 中国区域产业结构优化的再估算 [J]. 数量经济技术经济研究，2018，35（10）：59-77.

[119] 杨孟禹，张可云. 城市基础设施建设与产业结构升级的外部效应 [J]. 现代财经（天津财经大学学报），2015，35（3）：3-13.

[120] 杨茜茜，张翔. 我国医疗服务设施供需耦合协调度研究 [J]. 中国卫生经济，2020，39（12）：39-43.

[121] 杨世箐，杨成钢. 指标体系模型应用方法探讨 [J]. 统计与决策，2014（13）：77-80.

[122] 叶俊. 我国基本医疗卫生制度改革研究 [D]. 苏州大学，2016.

[123] 叶梦寒，王群，徐俐颖，褚淑贞. 我国中西部地区医药制造业与区域经济耦合协调发展分析 [J]. 中国药房，2019，30（24）：3337-3341.

[124] 叶梦寒，庄倩，褚淑贞. 中国医药制造业与区域经济耦合协调发展时空分异特征研究 [J]. 中国医药工业杂志，2020，51（3）：421-424.

[125] 于鸿鹰，何青松，丁彦玮，王玲. 山东省产业共同集聚对区域经济波动的影响 [J]. 科学管理研究，2017，35（5）：64-66.

[126] 余紫君，褚淑贞. 我国医药制造业竞争力与创新药物研发能力的关联度分析 [J]. 中国新药杂志，2018，27（3）：279-284.

[127] 袁华锡，刘耀彬，胡森林，等. 产业集聚加剧了环境污染吗？——基于外商直接投资视角 [J]. 长江流域资源与环境，2019，28（4）：58-68.

[128] 袁平红，王珍珠. 产业协同对制造业 GVC 攀升的影响研究

［J］. 河南科技学院学报，2022，42（1）：17-23.

［129］曾嵘，魏一鸣，范英，等. 人口、资源、环境与经济协调发展系统分析［J］. 系统工程理论与实践，2000（12）：1-6.

［130］翟绍果. "三医"联动的逻辑、机制与路径［J］. 探索，2017（5）：78-83.

［131］张彩霞，韩正涛. 河北区域经济绿色协调发展评价研究［J］. 统计与管理，2021，36（12）：105-110.

［132］张虎，韩爱华，杨青龙. 中国制造业与生产性服务业协同集聚的空间效应分析［J］. 数量经济技术经济研究，2017，34（2）：3-20.

［133］张虎，韩爱华. 制造业与生产性服务业耦合能否促进空间协调——基于285个城市数据的检验［J］. 统计研究，2019，36（1）：41-52.

［134］张虎，韩爱华. 中国城市制造业与生产性服务业规模分布的空间特征研究［J］. 数量经济技术经济研究，2018，35（9）：96-109.

［135］张虎，周楠. 制造业与服务业协调发展及影响因素分析［J］. 统计与决策，2019，35（11）：86-90.

［136］张辉. 健康对经济增长的影响：一个理论分析框架［J］. 广东财经大学学报，2017，32（4）：15-23.

［137］张辉. 健康对中国经济增长的影响研究［D］. 首都经济贸易大学，2018.

［138］张沛东. 区域制造业与生产性服务业耦合协调度分析——基于中国29个省级区域的实证研究［J］. 开发研究，2010（2）：46-49.

［139］张莎娜，金明，姜永艳. 河南省产业结构优化升级测度分析［J］. 统计理论与实践，2021（1）：18-23.

［140］张昕男，杨毅，高山. 基于复合系统协同度模型的上海市医药制造业创新系统协同度研究［J］. 中国药房，2017，28（19）：2596-2601.

［141］张学杰. 经济收入与健康存量相关关系的数量模型分析［J］. 医学与社会，2001（1）：1-3.

［142］张治栋，吴迪. 区域融合、对外开放与产业集聚发展——以长江经济带为例［J］. 科技进步与对策，2018，35（15）：39-46.

［143］赵璟，靳珍. 西部地区城市群经济增长对公共健康的作用［J］.

现代经济探讨，2021（5）：38-46.

［144］赵云．"三医"联动改革的历史进程和发展动态［J］.中国卫生事业管理，2017（12）：881-883.

［145］郑吉昌，夏晴．论生产性服务业的发展与分工的深化［J］.科技进步与对策，2005，22（2）：3.

［146］郑建锋，樊学瑞，黄妍妮．空间溢出视角下的城镇化金融集聚协同发展与经济增长——基于长江经济带11省市面板数据分析［J］.云南财经大学学报，2017，33（2）：127-139.

［147］钟孝江．我国产业升级与劳动力匹配研究［J］.农村实用技术，2019（4）：2.

［148］周广肃，樊纲，申广军．收入差距、社会资本与健康水平——基于中国家庭追踪调查（CFPS）的实证分析［J］.管理世界，2014（7）：12-21+51+187.

［149］朱坤．人口老龄化与我国卫生服务体系转型分析［J］.卫生经济研究，2019，36（8）：3-7.

［150］Arnold J, Javorcik B S, Mattoo A. Does Service Benefit Manufacturing Firms［J］. Evidence from the Czech Republic. World Bank Policy Research Working Thesis, 2006, 4109.

［151］Azapagic A, Perdan S. Sustainable Development and Industry: Ethical Indicators［J］. Technological Forecasting and Social Change, 2000, 65（2）：149-162.

［152］Baron R M, Kenny D A. The Moderator-mediator Variable Distinction in Social Psychological Research: Conceptual, Strategic, and Statistical Considerations［J］. Chapman and Hall, 1986, 51（6）：1173-1182.

［153］Bates L J, Santerre R E. Do Agglomeration Economies Exist in the Hospital Services Industry?［J］. Eastern Economic Journal, 2005, 31（4）：617-628.

［154］Becot F A, Sitaker M, Kolodinsky J, Morgan E H, Wang W, Garner J, Ammerman A, Jilcott Pitts A, Seguin R A. Can a Shift in the Purchase of Local Foods by Supplemental Nutrition Assistance Program（SNAP）Recipients Impact the Local Economy? [J]. Renewable Agriculture and Food Systems, 2020, 35 (1): 66-78.

[155] Bevan G, Charlton J. Making Access to Health Care More Equal: The Role of General Medical Services [J]. Br Med J (Clin Res Ed), 1987, 295 (6601): 764-767.

[156] Bloom D E, Canning D, Sevilla J P. The Effect of Health on Economic Growth: Theory and Evidence [R]. Cambridge: National Bureau of Economic Research, 2001. (NBER Working Paper No. 8587)

[157] Bossel H. Indicators for Sustainable Development: Theory, Method, Applications [R]. International Institute for Sustainable Development, 1999.

[158] Brown M A, Soni A, Li Y. Estimating Employment From Energy-Efficiency Investments [J]. MethodsX, 2020, 7: 100955.

[159] Carmen Fernández and Eduardo Ley and Mark F J, Steel. Benchmark priors for Bayesian model averaging [J]. Journal of Econometrics, 2001.

[160] Chang K J, Chichernea D C, Hassabelnaby H R. On the DuPont Analysis in the Health Care Industry [J]. Journal of Accounting and Public Policy, 2014, 33 (1): 83-103.

[161] Choudhury P R, Chaterjee B. Economic Growth and Regional Disparity in India: The Kuznets Hypo Thesis Revisited [J]. Journal of Income & Wealth (The), 2016, 38 (2): 197-211.

[162] Clyde M. Bayesian Model Averaging and Model Search Strategies (with discussion) [C]//Bernardo J M, Dawid A P, Berger J O, Smith A F M, eds. Bayesian Statistics 6. Oxford: Oxford University Press, 1999: 157-185.

[163] Coffey W J. The Geographies of Producer Services [J]. Urban geography, 2000, 21 (2): 170-183.

[164] Crossman M. Determinants of Children's Health: Executive Summary, August 30, 1977-June 30, 1979 [R]. NCHSR Research Summary Series. Washington, D. C.: National Center for Health Services Research, 1981.

[165] Cui Z, Hasija S. Vendor Selection, Contract Efficiency, and Performance Measurement in Service Outsourcing [J]. Ssrn Electronic Journal, 2012.

[166] Daniels P W. Some Perspectives on the Geography of Services [J]. Progress in Human Geography, 1991, 15 (1): 37-46.

[167] Darwin C R. The Origin of Species [M]. Vol. XI. The Harvard Classics. New York: P. F. Collier & Son, 1909 - 1914; Reprinted online: Bartleby. com, 2001 [Originally published 1859].

[168] Demurger S. Infrastructure Development and Economic Growth: An Explanation for Regional Disparities in China? [J]. Journal of Comparative Economics, 2001.

[169] Dey M, Dey S, Biswas S K. Comparison of Profitability of Listed Pharmaceutical Companies of Bangladesh [J]. Journal of Commerce and Accounting Research, 2013, 2 (2): 33.

[170] Dhanda K K. Case Study in the Evolution of Sustainability: Baxter International Inc [J]. Journal of business ethics, 2013, 112 (4): 667-684.

[171] Diehr P K, Richardson W C, Shortell S M, et al. Increased Access to Medical Care: The Impact on Health [J]. Medical Care, 1979, 17 (10): 989-999.

[172] Doppelhofer G, Miller R I. Determinants of Long-term Growth: A Bayesian Averaging of Classical Estimates (BACE) Approach [J]. American Economic Review, 2004, 94 (4): 813-835.

[173] Du L, Hanley A, Zhang N. Environmental Technical Efficiency, Technology Gap and Shadow Price of Coal-Fuelled Power Plants in China: A Parametric Meta-Frontier Analysis [J]. Resource and Energy Economics, 2016, 43: 14-32.

[174] Ebenstein A, Fan M, Greenstone M, et al. Growth, Pollution, and Life Expectancy: China from 1991 - 2012 [J]. American Economic Review, 2015, 105 (5): 226-231.

[175] Eberts R W. The Level and Utilization of Human Capital in the United States, 1975 - 2000 [R]. Kalamazoo, MI: W. E. Upjohn Institute for Employment Research, 2001. (Upjohn Institute Staff Working Paper 01-75).

[176] Eicher T S, Papageorgiou C, Raftery A E. Default Priors and Pre-

dictive Performance in Bayesian Model Averaging, with Application to Growth Determinants [J]. Journal of Applied Econometrics, 2011, 26 (1): 30-55.

[177] Elhorst J P. Spatial Panel Data Models [J]. Springer Berlin Heidelberg, 2010.

[178] Ellison G, Glaeser E L. Geographic Concentration in US Manufacturing Industries: A Dartboard Approach [J]. Journal of Political Economy, 1997, 105 (5): 889-927.

[179] Eswaran M, Kotwal A. The Role of the Service Sector in the Process of Industrialization [J]. Journal of Development Economics, 2002, 68 (2): 401-420.

[180] Fernandez C, Ley E, Steel M F J. Bayesian Modelling of Catch in a Northwest Atlantic Fishery (first version) [J]. ESE Discussion Papers, 2012, 51 (3): 257-280.

[181] Fernández C, Ley E, Steel M F J. Benchmark Priors for Bayesian Model Averaging [J]. Journal of Econometrics, 2001, 100 (2): 381-427.

[182] Flam S D, Godal O. Greenhouse Gases, Quota Exchange and Oligopolistic Competition [C] //Carraro C, Fragnelli V, Marzetti S, et al. Games, Practice and the Environment. Dordrecht: Springer, 2004: 212-230.

[183] Foster D P, George E I. The Risk Inflation Criterion for Multiple Regression [J]. Annals of Statistics, 1994, 22 (4): 1947-1975.

[184] Francois J F. Trade in Producer Services and Returns Due to Specialization Under Monopolistic Competition [J]. Canadian Journal of Economics, 1990: 109-124.

[185] Francois J, Hoekman B. Services Trade and Policy [J]. Journal of Economic Literature, 2010, 48 (3): 642-92.

[186] Friedman D. On Economic Applications of Evolutionary Game Theory [J]. Journal of Evolutionary Economics, 1998, 8 (1): 15-43.

[187] Fuchs C. Theorising and Analysing Digital Labour: From Global Value Chains to Modes of Production [J]. Political Economy of Communication, 2014, 1 (2): 19.

[188] Galović T. The International Competitiveness of the Pharmaceutical Industry Within 21 OECD Countries [J]. Ekonomski Vjesnik/Econviews: Review of Contemporary Business, Entrepreneurship and Economic Issues, 2015, 28 (1): 225-241.

[189] George E I, Foster D P. Calibration and Empirical Bayes Variable Selection [J]. Biometrika, 2000, 87 (4): 731-747.

[190] Grossman M. Determinants of Children's Health: Final Report [R]. Washington, D. C.: National Center for Health Services Research, 1980.

[191] Hansen L K, Salamon P. Neural Network Ensembles [J]. IEEE Transactions on Pattern Analysis and Machine Intelligence, 1990, 12 (10): 993-1001.

[192] Hansen M H, Yu B. Model Selection and the Principle of Minimum Description Length [J]. Journal of the American Statistical Association, 2001, 96 (454): 746-774.

[193] Hansen, Niles. Do Producer Services Induce Regional Economicdevelopment? [J]. Journal of Regional Science, 1990, 30 (4): 465-476.

[194] Haveman R H, Bershadker A, Schwabish J A. The Level and Utilization of Human Capital in the United States, 1975-2000 [J]. Employment Research Newsletter, 2003, 10 (2): 1.

[195] Imai K, Keele L, Tingley D. A General Approach to Causal Mediation Analysis [J]. Psychological Methods, 2010, 15 (4): 309-334.

[196] John A, Vernon, et al. Pharmaceutical Manufacturing Efficiency, Drug Prices, and Public Health: Examining the Causal Links [J]. Drug Information Journal, 2007, 41 (2): 229-239.

[197] Karaomerioglu D C, Carlaaon B. Manufacturing in Decline? A Matter of definition [J]. Economics of Innovation and New Technology, 1999, 8 (3): 175-196.

[198] Kass R E, Raftery A E. Bayes Factors [J]. Journal of the American Statistical Association, 1995, 90 (430): 773-795.

[199] Kebebe E, Duncan A J, Klerkx L, et al. Understanding Socio-eco-

nomic and Policy Constraints to Dairy Development in Ethiopia: A Coupled Functional-Structural Innovation Systems Analysis [J]. Agricultural Systems, 2015, 141: 69-78.

[200] Kelle M. Crossing Industry Borders: German Manufacturers as Services Exporters [J]. The World Economy, 2013, 36 (12): 1494-1515.

[201] Kenny, David, A, et al. Power Anomalies in Testing Mediation [J]. Psychological Science, 2014.

[202] Koop G, Poirier D J, Tobias J L. Bayesian Model Averaging and Model Selection [C] //Bayesian Econometric Methods. Cambridge: Cambridge University Press, 2007: Chapter 4.

[203] Kraemer H, Swanson J, Arnold L E, et al. Evidence, Interpretation, and Qualification From Multiple Reports of Long-Term Outcomes in the Multimodal Treatment Study of Children With ADHD (MTA) [J]. Journal of Attention Disorders, 2008.

[204] Kraemer, Ziv M, Jazaieri H, et al. Cognitive Reappraisal Self-efficacy Mediates the Effects of Individual Cognitive-Behavioral Therapy for Social Anxiety Disorder [J]. Journal of Consulting & Clinical Psychology, 2012, 80 (6): 1034-1040.

[205] Ley E, Steel M F J. Mixtures of G-priors for Bayesian Model Averaging with Economic Applications [J]. Journal of Econometrics, 2012, 171 (2): 251-266.

[206] Ley E, Steel M F J. Mixtures of G-Priors for Bayesian Model Averaging with Economic Applications [J]. Policy Research Working Paper Series, 2011, 171 (2): 251-266.

[207] Ley E, Steel M F J. On the Effect of Prior Assumptions in Bayesian model Averaging with Applications to Growth Regression. This Article was Published online on 30 March 2009. An Error was Subsequently Identified. This Notice is Included in the Online and Print Versions to Indi [J]. Journal of Applied Econometrics, 2009, 24 (4): 651-674.

[208] Liang F, Paulo R, Molina G, et al. Mixtures of g Priors for Bayes-

ian Variable Selection [J]. JASA: Journal of the American Statistical Association, 2008 (481): 103.

[209] Li Y, Zhou Y, et al. Investigation of a Coupling Model of Coordination Between Urbanization and the Environment [J]. Journal of Environmental Management, 2012, 98: 127-133.

[210] Lodefalk M. The Role of Services for Manufacturing Firm Exports [J]. Review of world Economics, 2014, 150 (1): 59-82.

[211] MacKinnon David P, Fairchild Amanda J, Fritz Matthew S. Mediation Analysis [J]. Annual Review of Psychology, 2007, 58: 593-614.

[212] MacPherson R D. Pharmaceutics for the Anaesthetist [J]. Anaesthesia, 2008, 63 (3): 300-301.

[213] Markard J, Stadelmann M, Truffer B. Prospective Analysis of Technological Innovation Systems: Identifying Technological and Organizational Development Options for Biogas in Switzerland [J]. Research Policy, 2009, 38 (4): 655-667.

[214] Myrdal G. The Political Element in the Development of Economic Theory [M]. Harvard University Press, 2013.

[215] Norgaard H. Translations of the Classics into English before 1600 [J]. The Review of English Studies, 1958, 9 (34): 164-172.

[216] O'Hagan A. Kendall's Advanced Theory of Statistics, Volume 2B: Bayesian Inference [M]. London: Edward Arnold, 1994.

[217] Park S H, Chan K S. A Cross-Country Input-Output Analysis of Intersectoral Relationships Between Manufacturing and Services and Their Employment Implications [J]. World Development, 1989, 17 (2): 199-212.

[218] Perdan S, Azapagic A. Sustainable Development and Industry: Ethical Indicators [J]. 2000.

[219] Petrucci, David. The Key to Making Manufacturing More Productive: Lean Digital [J]. Industrial Maintenance & Plant Operation, 2016.

[220] Pilat D, Wölfl A. Measuring the Interaction between Manufacturing and Services [J]. Ssrn Electronic Journal, 2005.

［221］ Rantanen J, Khinast J. The Future of Pharmaceutical Manufacturing Sciences ［J］. Journal of Pharmaceutical Sciences, 2015, 104（11）: 3612 - 3638.

［222］ R D MacPherson. Pharmaceutics for the Anaesthetist ［J］. Anaesthesia, 2008.

［223］ Restuccia D, Yang D T, Zhu X. Agriculture and Aggregate Productivity: A Quantitative Cross-Country Analysis ［J］. Journal of Monetary Economics, 2008, 55（2）: 234-250.

［224］ Riddle D I. Service-led Growth: The Role of the Service Sector in World Development ［M］. New York: Praeger, 1986.

［225］ Ruger J P. Health and Social Justice ［J］. The Lancet, 2004, 364（9439）: 1075-1080.

［226］ Schwarz G. Estimating the Dimension of a Model ［J］. Annals of Statistics, 1978, 6（2）: 461-464.

［227］ Sinha, Abhrajit. India's Services Revolution Amidst Worldwide Structural Change ［J］. Journal of Quantitative Economics, 2015, 13（2）: 1-22.

［228］ Sinha A. Goods Versus Services Production In The Indian Economy: Projections For 2020 Based on Study Period "1970-2010" ［C］//Prestige Institute of Management, Gwalior, 10th International Conference on Digital Strategies for Organizational Success, 2019.

［229］ Sjödin David Rönnberg, Parida Vinit, Kohtamäki Marko. Capability Configurations for Advanced Service Offerings in Manufacturing Firms: Using Fuzzy Set Qualitative Comparative Analysis ［J］. Journal of Business Research, 2016, 69（11）: 5330-5335.

［230］ Szalavetz A. "Tertiarization" of Manufacturing Industry in the New Economy-Experiences in Hungarian Companies ［R］. Institute for World Economics-Centre for Economic and Regional Studies-Hungarian Academy of Sciences, 2003.

［231］ Tapio P. Towards a Theory of Decoupling: Degrees of Decoupling in the EU and the Case of Road Traffic in Finland Between 1970 and 2001 ［J］.

Transport Policy, 2005, 12 (2): 137-151.

[232] Taylor A B, Mackinnon D P, Tein J Y. Tests of the Three-Path Mediated Effect: [J]. Organizational Research Methods, 2008 (2).

[233] Vanchan V, Macpherson A. The Competitive Characteristics of US Firms in the Industrial Design Sector: Empirical Evidence From a National Survey [J]. Competition & Change, 2008, 12 (3): 262-280.

[234] Vernon John A, Hughen W Keener, Trujillo Antonio J. Pharmaceutical Manufacturing Efficiency, Drug Prices, and Public Health: Examining the Causal Links [R]. Chapel Hill: University of North Carolina, Department of Public Policy, 2007.

[235] Weick Karl E. Educational Organizations as Loosely Coupled Systems [J]. Administrative Science Quarterly, 1976, 21 (1): 1-19.

[236] Wu W, Niu S. Evolutional Analysis of Coupling Between Population and Resource - Environment in China [J]. Procedia Environmental Sciences, 2012, 12: 793-801.

[237] York J, Madigan D, Heuch I, et al. Birth Defects Registered by Double Sampling: A Bayesian Approach Incorporating Covariates and Model Uncertainty [J]. Journal of the Royal Statistical Society Series C, 1995: 44.

[238] Zellner A. Bayesian Estimation and Prediction Using Asymmetric Loss Functions [J]. Publications of the American Statistical Association, 1986, 81 (394): 446-451.

[239] Zhao Y, Wang S, Zhou C. Understanding the Relation Between Urbanization and the Eco-Environment in China's Yangtze River Delta Using an Improved EKC Model and Coupling Analysis [J]. Science of the Total Environment, 2016, 571: 862-875.

附 录

医药制造业综合发展水平与
医疗服务业耦合协调度 Lisa 散点图

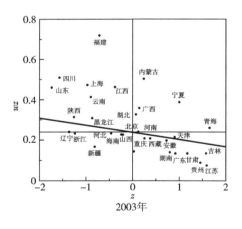

2003年

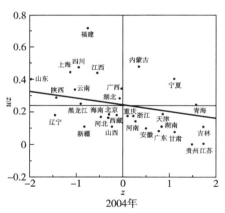

2004年

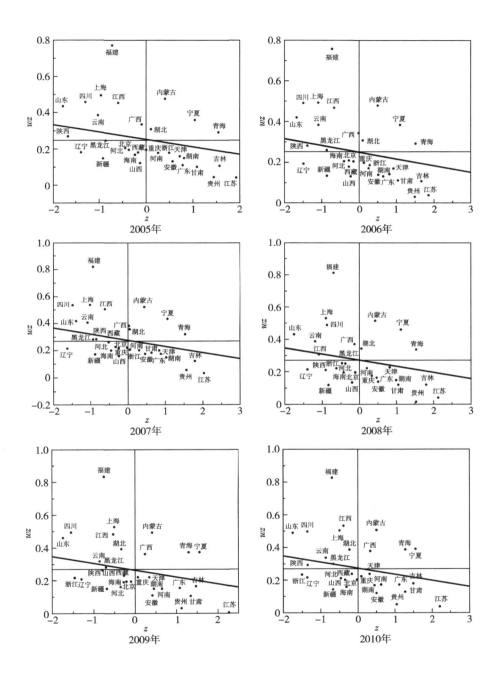

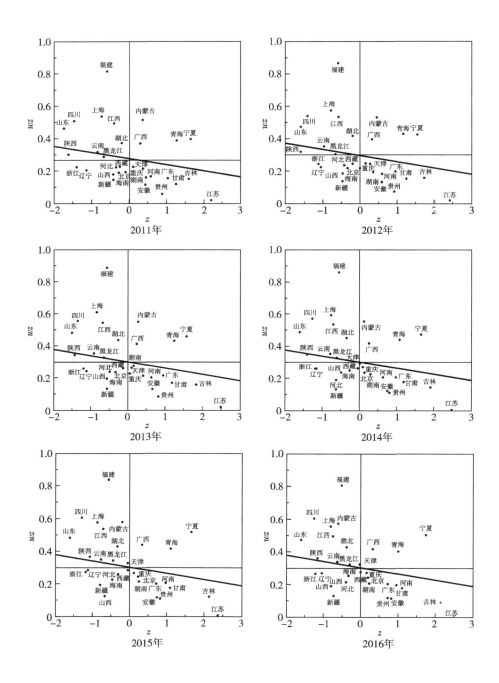

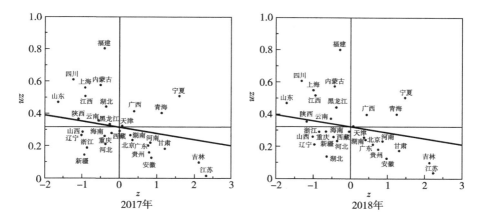

资料来源：笔者测算。